AFRIKAANS
VOCABULAIRE

POUR L'AUTOFORMATION

FRANÇAIS
AFRIKAANS

Les mots les plus utiles
Pour enrichir votre vocabulaire et aiguiser
vos compétences linguistiques

5000 mots

Vocabulaire Français-Afrikaans pour l'autoformation. 5000 mots
Par Andrey Taranov

Les dictionnaires T&P Books ont pour but de vous aider à apprendre, à mémoriser et à réviser votre vocabulaire en langue étrangère. Ce dictionnaire thématique couvre tous les grands domaines du quotidien: l'économie, les sciences, la culture, etc ...

Acquérir du vocabulaire avec les dictionnaires thématiques T&P Books vous offre les avantages suivants:

- Les données d'origine sont regroupées de manière cohérente, ce qui vous permet une mémorisation lexicale optimale
- La présentation conjointe de mots ayant la même racine vous permet de mémoriser des groupes sémantiques entiers (plutôt que des mots isolés)
- Les sous-groupes sémantiques vous permettent d'associer les mots entre eux de manière logique, ce qui facilite votre consolidation du vocabulaire
- Votre maîtrise de la langue peut être évaluée en fonction du nombre de mots acquis

Copyright © 2017 T&P Books Publishing

Tous droits réservés. Sans permission écrite préalable des éditeurs, toute reproduction ou exploitation partielle ou intégrale de cet ouvrage est interdite, sous quelque forme et par quelque procédé (électronique ou mécanique) que ce soit, y compris la photocopie, l'enregistrement ou le recours à un système de stockage et de récupération des données.

T&P Books Publishing
www.tpbooks.com

ISBN: 978-1-78716-489-5

Ce livre existe également en format électronique.
Pour plus d'informations, veuillez consulter notre site: www.tpbooks.com ou rendez-vous sur ceux des grandes librairies en ligne.

VOCABULAIRE AFRIKAANS POUR L'AUTOFORMATION
Dictionnaire thématique

Les dictionnaires T&P Books ont pour but de vous aider à apprendre, à mémoriser et à réviser votre vocabulaire en langue étrangère. Ce lexique présente, de façon thématique, plus de 5000 mots les plus fréquents de la langue.

- Ce livre comporte les mots les plus couramment utilisés
- Son usage est recommandé en complément de l'étude de toute autre méthode de langue
- Il répond à la fois aux besoins des débutants et à ceux des étudiants en langues étrangères de niveau avancé
- Il est idéal pour un usage quotidien, des séances de révision ponctuelles et des tests d'auto-évaluation
- Il vous permet de tester votre niveau de vocabulaire

Spécificités de ce dictionnaire thématique:

- Les mots sont présentés de manière sémantique, et non alphabétique
- Ils sont répartis en trois colonnes pour faciliter la révision et l'auto-évaluation
- Les groupes sémantiques sont divisés en sous-groupes pour favoriser l'apprentissage
- Ce lexique donne une transcription simple et pratique de chaque mot en langue étrangère

Ce dictionnaire comporte 155 thèmes, dont:

les notions fondamentales, les nombres, les couleurs, les mois et les saisons, les unités de mesure, les vêtements et les accessoires, les aliments et la nutrition, le restaurant, la famille et les liens de parenté, le caractère et la personnalité, les sentiments et les émotions, les maladies, la ville et la cité, le tourisme, le shopping, l'argent, la maison, le foyer, le bureau, la vie de bureau, l'import-export, le marketing, la recherche d'emploi, les sports, l'éducation, l'informatique, l'Internet, les outils, la nature, les différents pays du monde, les nationalités, et bien d'autres encore ...

TABLE DES MATIÈRES

Guide de prononciation	9
Abréviations	10

CONCEPTS DE BASE 11
Concepts de base. Partie 1 11

1. Les pronoms 11
2. Adresser des vœux. Se dire bonjour. Se dire au revoir 11
3. Comment s'adresser à quelqu'un 12
4. Les nombres cardinaux. Partie 1 12
5. Les nombres cardinaux. Partie 2 13
6. Les nombres ordinaux 14
7. Les nombres. Fractions 14
8. Les nombres. Opérations mathématiques 14
9. Les nombres. Divers 15
10. Les verbes les plus importants. Partie 1 15
11. Les verbes les plus importants. Partie 2 16
12. Les verbes les plus importants. Partie 3 17
13. Les verbes les plus importants. Partie 4 18
14. Les couleurs 19
15. Les questions 19
16. Les prépositions 20
17. Les mots-outils. Les adverbes. Partie 1 20
18. Les mots-outils. Les adverbes. Partie 2 22

Concepts de base. Partie 2 24

19. Les jours de la semaine 24
20. Les heures. Le jour et la nuit 24
21. Les mois. Les saisons 25
22. Les unités de mesure 26
23. Les récipients 27

L'HOMME 29
L'homme. Le corps humain 29

24. La tête 29
25. Le corps humain 30

Les vêtements & les accessoires 31

26. Les vêtements d'extérieur 31
27. Men's & women's clothing 31

28. Les sous-vêtements	32
29. Les chapeaux	32
30. Les chaussures	32
31. Les accessoires personnels	33
32. Les vêtements. Divers	33
33. L'hygiène corporelle. Les cosmétiques	34
34. Les montres. Les horloges	35

Les aliments. L'alimentation	**36**
35. Les aliments	36
36. Les boissons	37
37. Les légumes	38
38. Les fruits. Les noix	39
39. Le pain. Les confiseries	40
40. Les plats cuisinés	40
41. Les épices	41
42. Les repas	42
43. Le dressage de la table	43
44. Le restaurant	43

La famille. Les parents. Les amis	**44**
45. Les données personnelles. Les formulaires	44
46. La famille. Les liens de parenté	44

La médecine	**46**
47. Les maladies	46
48. Les symptômes. Le traitement. Partie 1	47
49. Les symptômes. Le traitement. Partie 2	48
50. Les symptômes. Le traitement. Partie 3	49
51. Les médecins	50
52. Les médicaments. Les accessoires	50

L'HABITAT HUMAIN	**51**
La ville	**51**
53. La ville. La vie urbaine	51
54. Les institutions urbaines	52
55. Les enseignes. Les panneaux	53
56. Les transports en commun	54
57. Le tourisme	55
58. Le shopping	56
59. L'argent	57
60. La poste. Les services postaux	58

Le logement. La maison. Le foyer	**59**
61. La maison. L'électricité	59

62.	La villa et le manoir	59
63.	L'appartement	59
64.	Les meubles. L'intérieur	60
65.	La literie	61
66.	La cuisine	61
67.	La salle de bains	62
68.	Les appareils électroménagers	63

LES ACTIVITÉS HUMAINS 64
Le travail. Les affaires. Partie 1 64

69.	Le bureau. La vie de bureau	64
70.	Les processus d'affaires. Partie 1	65
71.	Les processus d'affaires. Partie 2	66
72.	L'usine. La production	67
73.	Le contrat. L'accord	68
74.	L'importation. L'exportation	69
75.	La finance	69
76.	La commercialisation. Le marketing	70
77.	La publicité	70
78.	Les opérations bancaires	71
79.	Le téléphone. La conversation téléphonique	72
80.	Le téléphone portable	72
81.	La papeterie	73
82.	Les types d'activités économiques	73

Le travail. Les affaires. Partie 2 76

83.	Les foires et les salons	76
84.	La recherche scientifique et les chercheurs	77

Les professions. Les métiers 79

85.	La recherche d'emploi. Le licenciement	79
86.	Les hommes d'affaires	70
87.	Les métiers des services	80
88.	Les professions militaires et leurs grades	81
89.	Les fonctionnaires. Les prêtres	82
90.	Les professions agricoles	82
91.	Les professions artistiques	83
92.	Les différents métiers	83
93.	Les occupations. Le statut social	85

L'éducation 86

94.	L'éducation	86
95.	L'enseignement supérieur	87
96.	Les disciplines scientifiques	88
97.	Le système d'écriture et l'orthographe	88
98.	Les langues étrangères	89

Les loisirs. Les voyages 91

99. Les voyages. Les excursions 91
100. L'hôtel 91

LE MATÉRIEL TECHNIQUE. LES TRANSPORTS 93
Le matériel technique 93

101. L'informatique 93
102. L'Internet. Le courrier électronique 94
103. L'électricité 95
104. Les outils 95

Les transports 98

105. L'avion 98
106. Le train 99
107. Le bateau 100
108. L'aéroport 101

Les grands événements de la vie 103

109. Les fêtes et les événements 103
110. L'enterrement. Le deuil 104
111. La guerre. Les soldats 104
112. La guerre. Partie 1 105
113. La guerre. Partie 2 107
114. Les armes 108
115. Les hommes préhistoriques 110
116. Le Moyen Âge 110
117. Les dirigeants. Les responsables. Les autorités 112
118. Les crimes. Les criminels. Partie 1 113
119. Les crimes. Les criminels. Partie 2 114
120. La police. La justice. Partie 1 115
121. La police. La justice. Partie 2 116

LA NATURE 118
La Terre. Partie 1 118

122. L'espace cosmique 118
123. La Terre 119
124. Les quatre parties du monde 120
125. Les océans et les mers 120
126. Les noms des mers et des océans 121
127. Les montagnes 122
128. Les noms des chaînes de montagne 123
129. Les fleuves 123
130. Les noms des fleuves 124
131. La forêt 124
132. Les ressources naturelles 125

7

La Terre. Partie 2   127

133. Le temps   127
134. Les intempéries. Les catastrophes naturelles   128

La faune   129

135. Les mammifères. Les prédateurs   129
136. Les animaux sauvages   129
137. Les animaux domestiques   130
138. Les oiseaux   131
139. Les poissons. Les animaux marins   133
140. Les amphibiens. Les reptiles   133
141. Les insectes   134

La flore   135

142. Les arbres   135
143. Les arbustes   135
144. Les fruits. Les baies   136
145. Les fleurs. Les plantes   137
146. Les céréales   138

LES PAYS DU MONDE. LES NATIONALITÉS   139

147. L'Europe de l'Ouest   139
148. L'Europe Centrale et l'Europe de l'Est   139
149. Les pays de l'ex-U.R.S.S.   140
150. L'Asie   140
151. L'Amérique du Nord   141
152. L'Amérique Centrale et l'Amérique du Sud   141
153. L'Afrique   142
154. L'Australie et Océanie   142
155. Les grandes villes   142

GUIDE DE PRONONCIATION

Alphabet phonétique T&P	Exemple en afrikaans	Exemple en français
[a]	land	classe
[â]	straat	camarade
[æ]	hout	maire
[o], [ɔ]	Australië	normal
[e]	metaal	équipe
[ɛ]	aanlê	faire
[ə]	filter	record
[ɪ]	uur	capital
[i]	billik	stylo
[ï]	naïef	liste
[o]	koppie	normal
[ø]	akteur	peu profond
[œ]	fluit	neuf
[u]	hulle	boulevard
[ʊ]	hout	groupe
[b]	bakker	bureau
[d]	donder	document
[f]	navraag	formule
[g]	burger	gris
[h]	driehoek	[h] aspiré
[j]	byvoeg	maillot
[k]	kamera	bocal
[l]	loon	vélo
[m]	môre	minéral
[n]	neef	ananas
[p]	pyp	panama
[r]	rigting	racine, rouge
[s]	oplos	syndicat
[t]	lood, tenk	tennis
[v]	bewaar	rivière
[w]	oorwinnaar	iguane
[z]	zoem	gazeuse
[dʒ]	enjin	adjoint
[ʃ]	artisjok	chariot
[ŋ]	kans	parking
[tʃ]	tjek	match
[ʒ]	beige	jeunesse
[x]	agent	scots - nicht, allemand - Dach

ABRÉVIATIONS
employées dans ce livre

Abréviations en français

adj	-	adjective
adv	-	adverbe
anim.	-	animé
conj	-	conjonction
dénombr.	-	dénombrable
etc.	-	et cetera
f	-	nom féminin
f pl	-	féminin pluriel
fam.	-	familiar
fem.	-	féminin
form.	-	formal
inanim.	-	inanimé
indénombr.	-	indénombrable
m	-	nom masculin
m pl	-	masculin pluriel
m, f	-	masculin, féminin
masc.	-	masculin
math	-	mathematics
mil.	-	militaire
pl	-	pluriel
prep	-	préposition
pron	-	pronom
qch	-	quelque chose
qn	-	quelqu'un
sing.	-	singulier
v aux	-	verbe auxiliaire
v imp	-	verbe impersonnel
vi	-	verbe intransitif
vi, vt	-	verbe intransitif, transitif
vp	-	verbe pronominal
vt	-	verbe transitif

CONCEPTS DE BASE

Concepts de base. Partie 1

1. Les pronoms

je	ek, my	[ɛk], [maj]
tu	jy	[jaj]
il	hy	[haj]
elle	sy	[saj]
ça	dit	[dit]
nous	ons	[ɔŋs]
vous	julle	[jullə]
vous (form., sing.)	u	[u]
vous (form., pl)	u	[u]
ils, elles	hulle	[hullə]

2. Adresser des vœux. Se dire bonjour. Se dire au revoir

Bonjour! (fam.)	Hallo!	[hallo!]
Bonjour! (form.)	Hallo!	[hallo!]
Bonjour! (le matin)	Goeie môre!	[χuje mɔrə!]
Bonjour! (après-midi)	Goeiemiddag!	[χuje·middaχ!]
Bonsoir!	Goeienaand!	[χuje·nānt!]
dire bonjour	dagsê	[daχsɛ:]
Salut!	Hallo!	[hallo!]
salut (m)	groet	[χrut]
saluer (vt)	groet	[χrut]
Comment ça va?	Hoe gaan dit?	[hu χān dit?]
Comment allez-vous?	Hoe gaan dit?	[hu χān dit?]
Quoi de neuf?	Hoe gaan dit?	[hu χān dit?]
Au revoir! (form.)	Totsiens!	[totsiŋs!]
Au revoir! (fam.)	Koebaai!	[kubāi!]
À bientôt!	Totsiens!	[totsiŋs!]
Adieu!	Totsiens!	[totsiŋs!]
Adieu! (fam.)	Mooi loop!	[moj loəp!]
Adieu! (form.)	Vaarwel!	[fārwel!]
dire au revoir	afskeid neem	[afskæjt neəm]
Salut! (À bientôt!)	Koebaai!	[kubāi!]
Merci!	Dankie!	[danki!]
Merci beaucoup!	Baie dankie!	[baje danki!]
Je vous en prie	Plesier	[plesir]

| Il n'y a pas de quoi | Plesier! | [plesir!] |
| Pas de quoi | Plesier | [plesir] |

Excuse-moi!	Ekskuus!	[ɛkskɪs!]
Excusez-moi!	Verskoon my!	[ferskoən maj!]
excuser (vt)	verskoon	[ferskoən]

s'excuser (vp)	verskoning vra	[ferskonɪŋ fra]
Mes excuses	Verskoning	[ferskonɪŋ]
Pardonnez-moi!	Ek is jammer!	[ɛk is jammər!]
pardonner (vt)	vergewe	[ferχevə]
C'est pas grave	Maak nie saak nie!	[māk ni sāk ni!]
s'il vous plaît	asseblief	[asseblif]

N'oubliez pas!	Vergeet dit nie!	[ferχeət dit ni!]
Bien sûr!	Beslis!	[beslis!]
Bien sûr que non!	Natuurlik nie!	[natɪrlik ni!]
D'accord!	OK!	[okej!]
Ça suffit!	Dis genoeg!	[dis χenuχ!]

3. Comment s'adresser à quelqu'un

Excusez-moi!	Verskoon my, ...	[ferskoən maj, ...]
monsieur	meneer	[meneər]
madame	mevrou	[mefræʊ]
madame (mademoiselle)	juffrou	[juffræʊ]
jeune homme	jongman	[joŋman]
petit garçon	boet	[but]
petite fille	sussie	[sussi]

4. Les nombres cardinaux. Partie 1

zéro	nul	[nul]
un	een	[eən]
deux	twee	[tweə]
trois	drie	[dri]
quatre	vier	[fir]

cinq	vyf	[fajf]
six	ses	[ses]
sept	sewe	[sevə]
huit	ag	[aχ]
neuf	nege	[neχə]

dix	tien	[tin]
onze	elf	[ɛlf]
douze	twaalf	[twālf]
treize	dertien	[dertin]
quatorze	veertien	[feərtin]

| quinze | vyftien | [fajftin] |
| seize | sestien | [sestin] |

dix-sept	sewetien	[sevətin]
dix-huit	agtien	[aχtin]
dix-neuf	negetien	[neχetin]
vingt	twintig	[twintəχ]
vingt et un	een-en-twintig	[eən-en-twintəχ]
vingt-deux	twee-en-twintig	[tweə-en-twintəχ]
vingt-trois	drie-en-twintig	[dri-en-twintəχ]
trente	dertig	[dertəχ]
trente et un	een-en-dertig	[eən-en-dertəχ]
trente-deux	twee-en-dertig	[tweə-en-dertəχ]
trente-trois	drie-en-dertig	[dri-en-dertəχ]
quarante	veertig	[feərtəχ]
quarante et un	een-en-veertig	[eən-en-feərtəχ]
quarante-deux	twee-en-veertig	[tweə-en-feərtəχ]
quarante-trois	vier-en-veertig	[fir-en-feərtəχ]
cinquante	vyftig	[fajftəχ]
cinquante et un	een-en-vyftig	[eən-en-fajftəχ]
cinquante-deux	twee-en-vyftig	[tweə-en-fajftəχ]
cinquante-trois	drie-en-vyftig	[dri-en-fajftəχ]
soixante	sestig	[sestəχ]
soixante et un	een-en-sestig	[eən-en-sestəχ]
soixante-deux	twee-en-sestig	[tweə-en-sestəχ]
soixante-trois	drie-en-sestig	[dri-en-sestəχ]
soixante-dix	sewentig	[seventəχ]
soixante et onze	een-en-sewentig	[eən-en-seventəχ]
soixante-douze	twee-en-sewentig	[tweə-en-seventəχ]
soixante-treize	drie-en-sewentig	[dri-en-seventəχ]
quatre-vingts	tagtig	[taχtəχ]
quatre-vingt et un	een-en-tagtig	[eən-en-taχtəχ]
quatre-vingt deux	twee-en-tagtig	[tweə-en-taχtəχ]
quatre-vingt trois	drie-en-tagtig	[dri-en-taχtəχ]
quatre-vingt-dix	negentig	[neχentəχ]
quatre-vingt et onze	een-en-negentig	[eən-en-neχentəχ]
quatre-vingt-douze	twee-en-negentig	[tweə-en-neχentəχ]
quatre-vingt-treize	drie-en-negentig	[dri-en-neχentəχ]

5. Les nombres cardinaux. Partie 2

cent	honderd	[hondərt]
deux cents	tweehonderd	[tweə·hondərt]
trois cents	driehonderd	[dri·hondərt]
quatre cents	vierhonderd	[fir·hondərt]
cinq cents	vyfhonderd	[fajf·hondərt]
six cents	seshonderd	[ses·hondərt]
sept cents	sewehonderd	[sevə·hondərt]

| huit cents | aghonderd | [aχ·hondərt] |
| neuf cents | negehonderd | [neχə·hondərt] |

mille	duisend	[dœisent]
deux mille	tweeduisend	[twee·dœisent]
trois mille	drieduisend	[dri·dœisent]
dix mille	tienduisend	[tin·dœisent]
cent mille	honderdduisend	[hondərt·dajsent]

| million (m) | miljoen | [miljun] |
| milliard (m) | miljard | [miljart] |

6. Les nombres ordinaux

premier (adj)	eerste	[eərstə]
deuxième (adj)	tweede	[tweedə]
troisième (adj)	derde	[derdə]
quatrième (adj)	vierde	[firdə]
cinquième (adj)	vyfde	[fajfdə]

sixième (adj)	sesde	[sesdə]
septième (adj)	sewende	[sevendə]
huitième (adj)	agste	[aχstə]
neuvième (adj)	negende	[neχendə]
dixième (adj)	tiende	[tində]

7. Les nombres. Fractions

fraction (f)	breuk	[brøək]
un demi	helfte	[hɛlftə]
un tiers	derde	[derdə]
un quart	kwart	[kwart]

un huitième	agste	[aχstə]
un dixième	tiende	[tində]
deux tiers	twee derde	[twee derdə]
trois quarts	driekwart	[drikwart]

8. Les nombres. Opérations mathématiques

soustraction (f)	aftrekking	[aftrɛkkiŋ]
soustraire (vt)	aftrek	[aftrek]
division (f)	deling	[deliŋ]
diviser (vt)	deel	[deəl]

addition (f)	optelling	[optɛlliŋ]
additionner (vt)	optel	[optəl]
ajouter (vt)	optel	[optəl]
multiplication (f)	vermenigvuldiging	[fermeniχ·fuldəχiŋ]
multiplier (vt)	vermenigvuldig	[fermeniχ·fuldəχ]

9. Les nombres. Divers

chiffre (m)	syfer	[sajfər]
nombre (m)	nommer	[nommər]
adjectif (m) numéral	telwoord	[tɛlwoərt]
moins (m)	minusteken	[minus·tekən]
plus (m)	plusteken	[plus·tekən]
formule (f)	formule	[formulə]

calcul (m)	berekening	[berekeniŋ]
compter (vt)	tel	[təl]
calculer (vt)	optel	[optəl]
comparer (vt)	vergelyk	[ferχəlajk]

Combien?	Hoeveel?	[hufeəl?]
somme (f)	som, totaal	[som], [totāl]
résultat (m)	resultaat	[resultāt]
reste (m)	oorskot	[oərskot]

peu de ...	min	[min]
reste (m)	die res	[di res]
douzaine (f)	dosyn	[dosajn]

en deux (adv)	middeldeur	[middəldøər]
en parties égales	gelyk	[χelajk]
moitié (f)	helfte	[hɛlftə]
fois (f)	maal	[māl]

10. Les verbes les plus importants. Partie 1

aider (vt)	help	[hɛlp]
aimer (qn)	liefhê	[lifhɛ:]
aller (à pied)	gaan	[χān]
apercevoir (vt)	raaksien	[rāksin]
appartenir à ...	behoort aan ...	[behoərt ān ...]

appeler (au secours)	roep	[rup]
attendre (vt)	wag	[vaχ]
attraper (vt)	vang	[faŋ]
avertir (vt)	waarsku	[vārsku]

avoir (vt)	hê	[hɛ:]
avoir confiance	vertrou	[fertræʋ]
avoir faim	honger wees	[hoŋər veəs]

avoir peur	bang wees	[baŋ veəs]
avoir soif	dors wees	[dors veəs]
cacher (vt)	wegsteek	[veχsteək]
casser (briser)	breek	[breək]
cesser (vt)	ophou	[ophæʋ]

changer (vt)	verander	[ferandər]
chasser (animaux)	jag	[jaχ]

chercher (vt)	soek ...	[suk ...]
choisir (vt)	kies	[kis]
commander (~ le menu)	bestel	[bestəl]
commencer (vt)	begin	[beχin]
comparer (vt)	vergelyk	[ferχəlajk]
comprendre (vt)	verstaan	[ferstãn]
compter (dénombrer)	tel	[təl]
compter sur ...	reken op ...	[reken op ...]
confondre (vt)	verwar	[ferwar]
connaître (qn)	ken	[ken]
conseiller (vt)	aanraai	[ãnrãi]
continuer (vt)	aangaan	[ãnχãn]
contrôler (vt)	kontroleer	[kontroleər]
courir (vi)	hardloop	[hardloəp]
coûter (vt)	kos	[kos]
créer (vt)	skep	[skep]
creuser (vt)	grawe	[χravə]
crier (vi)	skreeu	[skriʊ]

11. Les verbes les plus importants. Partie 2

décorer (~ la maison)	versier	[fersir]
défendre (vt)	verdedig	[ferdedəχ]
déjeuner (vi)	gaan eet	[χãn eət]
demander (~ l'heure)	vra	[fra]
demander (de faire qch)	vra	[fra]
descendre (vi)	afkom	[afkom]
deviner (vt)	raai	[rãi]
dîner (vi)	aandete gebruik	[ãndetə χebrœik]
dire (vt)	sê	[sɛ:]
diriger (~ une usine)	beheer	[beheər]
discuter (vt)	bespreek	[bɵсpreək]
donner (vt)	gee	[χeə]
douter (vt)	twyfel	[twajfəl]
écrire (vt)	skryf	[skrajf]
entendre (bruit, etc.)	hoor	[hoər]
entrer (vi)	binnegaan	[binnəχãn]
envoyer (vt)	stuur	[stʏr]
espérer (vi)	hoop	[hoəp]
essayer (vt)	probeer	[probeər]
être (vi)	wees	[veəs]
être d'accord	saamstem	[sãmstem]
être nécessaire	nodig wees	[nodəχ veəs]
être pressé	opskud	[opskut]
étudier (vt)	studeer	[studeər]
excuser (vt)	verskoon	[ferskoən]

exiger (vt)	eis	[æjs]
exister (vi)	bestaan	[bestãn]
expliquer (vt)	verduidelik	[ferdœidəlik]

faire (vt)	doen	[dun]
faire tomber	laat val	[lãt fal]
finir (vt)	klaarmaak	[klãrmãk]
garder (conserver)	bewaar	[bevãr]
gronder, réprimander (vt)	uitvaar teen	[œitfãr teən]

informer (vt)	in kennis stel	[in kɛnnis stəl]
insister (vi)	aandring	[ãndriŋ]
insulter (vt)	beledig	[beledəχ]
inviter (vt)	uitnooi	[œitnoj]
jouer (s'amuser)	speel	[speəl]

12. Les verbes les plus importants. Partie 3

libérer (ville, etc.)	bevry	[befraj]
lire (vi, vt)	lees	[leəs]
louer (prendre en location)	huur	[hɪr]
manquer (l'école)	bank	[bank]
menacer (vt)	dreig	[dræjχ]

mentionner (vt)	verwys na	[ferwajs na]
montrer (vt)	wys	[vajs]
nager (vi)	swem	[swem]
objecter (vt)	beswaar maak	[beswãr mãk]
observer (vt)	waarneem	[vãrneəm]

ordonner (mil.)	beveel	[befeəl]
oublier (vt)	vergeet	[ferχeət]
ouvrir (vt)	oopmaak	[oəpmãk]
pardonner (vt)	vergewe	[ferχevə]
parler (vi, vt)	praat	[prãt]

participer à ...	deelneem	[deəlneəm]
payer (régler)	betaal	[betãl]
penser (vi, vt)	dink	[dink]
permettre (vt)	toestaan	[tustãn]
plaire (être apprécié)	hou van	[hæʊ fan]

plaisanter (vi)	grappies maak	[χrappis mãk]
planifier (vt)	beplan	[beplan]
pleurer (vi)	huil	[hœil]
posséder (vt)	besit	[besit]
pouvoir (v aux)	kan	[kan]
préférer (vt)	verkies	[ferkis]

prendre (vt)	vat	[fat]
prendre en note	opskryf	[opskrajf]
prendre le petit déjeuner	ontbyt	[ontbajt]
préparer (le dîner)	kook	[koək]
prévoir (vt)	voorsien	[foərsin]

prier (~ Dieu)	bid	[bit]
promettre (vt)	beloof	[beloəf]
prononcer (vt)	uitspreek	[œitspreək]
proposer (vt)	voorstel	[foərstəl]
punir (vt)	straf	[straf]

13. Les verbes les plus importants. Partie 4

recommander (vt)	aanbeveel	[ānbefeəl]
regretter (vt)	jammer wees	[jammər veəs]
répéter (dire encore)	herhaal	[herhāl]
répondre (vi, vt)	antwoord	[antwoərt]
réserver (une chambre)	bespreek	[bespreək]

rester silencieux	stilbly	[stilblaj]
réunir (regrouper)	verenig	[ferenəχ]
rire (vi)	lag	[laχ]
s'arrêter (vp)	stilhou	[stilhæʊ]
s'asseoir (vp)	gaan sit	[χān sit]

sauver (la vie à qn)	red	[ret]
savoir (qch)	weet	[veət]
se baigner (vp)	gaan swem	[χān swem]
se plaindre (vp)	kla	[kla]
se refuser (vp)	weier	[væjer]

se vanter (vp)	spog	[spoχ]
s'étonner (vp)	verbaas wees	[ferbās veəs]
s'excuser (vp)	verskoning vra	[ferskoniŋ fra]
signer (vt)	teken	[tekən]
signifier (vt)	beteken	[betekən]
s'intéresser (vp)	belangstel in ...	[belaŋstəl in ...]
sortir (aller dehors)	uitgaan	[œitχān]
sourire (vi)	glimlag	[χlimlaχ]
sous-estimer (vt)	onderskat	[ondərskat]

suivre ... (suivez-moi)	volg ...	[folχ ...]
tirer (vi)	skiet	[skit]
tomber (vi)	val	[fal]
toucher (avec les mains)	aanraak	[ānrāk]
tourner (~ à gauche)	draai	[drāi]

traduire (vt)	vertaal	[fertāl]
travailler (vi)	werk	[verk]
tromper (vt)	bedrieg	[bedrəχ]
trouver (vt)	vind	[fint]
tuer (vt)	doodmaak	[doədmāk]
vendre (vt)	verkoop	[ferkoəp]

venir (vi)	aankom	[ānkom]
voir (vt)	sien	[sin]
voler (avion, oiseau)	vlieg	[fliχ]
voler (qch à qn)	steel	[steəl]
vouloir (vt)	wil	[vil]

14. Les couleurs

couleur (f)	kleur	[kløər]
teinte (f)	skakering	[skakeriŋ]
ton (m)	tint	[tint]
arc-en-ciel (m)	reënboog	[rɛɛn·boəχ]
blanc (adj)	wit	[vit]
noir (adj)	swart	[swart]
gris (adj)	grys	[χrajs]
vert (adj)	groen	[χrun]
jaune (adj)	geel	[χeəl]
rouge (adj)	rooi	[roj]
bleu (adj)	blou	[blæʊ]
bleu clair (adj)	ligblou	[liχ·blæʊ]
rose (adj)	pienk	[pink]
orange (adj)	oranje	[oranje]
violet (adj)	pers	[pers]
brun (adj)	bruin	[brœin]
d'or (adj)	goue	[χæʊə]
argenté (adj)	silweragtig	[silweraχtəχ]
beige (adj)	beige	[bɛːʒ]
crème (adj)	roomkleurig	[roəm·kløərəχ]
turquoise (adj)	turkoois	[turkojs]
rouge cerise (adj)	kersierooi	[kersi·roj]
lilas (adj)	lila	[lila]
framboise (adj)	karmosyn	[karmosajn]
clair (adj)	lig	[liχ]
foncé (adj)	donker	[donkər]
vif (adj)	helder	[hɛldər]
de couleur (adj)	kleurig	[kløərəχ]
en couleurs (adj)	kleur	[kløər]
noir et blanc (adj)	swart-wit	[swart-wit]
unicolore (adj)	effe	[ɛffə]
multicolore (adj)	veelkleurig	[feəlkløərəχ]

15. Les questions

Qui?	Wie?	[vi?]
Quoi?	Wat?	[vat?]
Où? (~ es-tu?)	Waar?	[vãr?]
Où? (~ vas-tu?)	Waarheen?	[vãrheən?]
D'où?	Waarvandaan?	[vãrfandãn?]
Quand?	Wanneer?	[vanneər?]
Pourquoi? (~ es-tu venu?)	Hoekom?	[hukom?]
Pourquoi? (~ t'es pâle?)	Hoekom?	[hukom?]
À quoi bon?	Vir wat?	[fir vat?]

Comment?	Hoe?	[hu?]
Quel? (à ~ prix?)	Watter?	[vatter?]
Lequel?	Watter een?	[vatter een?]
À qui? (pour qui?)	Vir wie?	[fir vi?]
De qui?	Oor wie?	[oer vi?]
De quoi?	Oor wat?	[oer vat?]
Avec qui?	Met wie?	[met vi?]
Combien?	Hoeveel?	[hufeel?]

16. Les prépositions

avec (~ toi)	met	[met]
sans (~ sucre)	sonder	[sonder]
à (aller ~ ...)	na	[na]
de (au sujet de)	oor	[oer]
avant (~ midi)	voor	[foer]
devant (~ la maison)	voor ...	[foer ...]
sous (~ la commode)	onder	[onder]
au-dessus de ...	oor	[oer]
sur (dessus)	op	[op]
de (venir ~ Paris)	uit	[œit]
en (en bois, etc.)	van	[fan]
dans (~ deux heures)	oor	[oer]
par dessus	oor	[oer]

17. Les mots-outils. Les adverbes. Partie 1

Où? (~ es-tu?)	Waar?	[vār?]
ici (c'est ~)	hier	[hir]
là-bas (c'est ~)	daar	[dār]
quelque part (être)	êrens	[ærɛŋs]
nulle part (adv)	nêrens	[nærɛŋs]
près de ...	by	[baj]
près de la fenêtre	by	[baj]
Où? (~ vas-tu?)	Waarheen?	[vārheen?]
ici (Venez ~)	hier	[hir]
là-bas (j'irai ~)	soontoe	[soentu]
d'ici (adv)	hiervandaan	[hirfandān]
de là-bas (adv)	daarvandaan	[dārfandān]
près (pas loin)	naby	[nabaj]
loin (adv)	ver	[fer]
près de (~ Paris)	naby	[nabaj]
tout près (adv)	naby	[nabaj]
pas loin (adv)	nie ver nie	[ni fer ni]

T&P Books. Vocabulaire Français-Afrikaans pour l'autoformation. 5000 mots

gauche (adj)	linker-	[linkər-]
à gauche (être ~)	op linkerhand	[op linkərhant]
à gauche (tournez ~)	na links	[na links]

droit (adj)	regter	[reχtər]
à droite (être ~)	op regterhand	[op reχtərhant]
à droite (tournez ~)	na regs	[na reχs]

devant (adv)	voor	[foər]
de devant (adj)	voorste	[foərstə]
en avant (adv)	vooruit	[foərœit]

derrière (adv)	agter	[aχtər]
par derrière (adv)	van agter	[fan aχtər]
en arrière (regarder ~)	agtertoe	[aχtərtu]

| milieu (m) | middel | [middəl] |
| au milieu (adv) | in die middel | [in di middəl] |

de côté (vue ~)	op die sykant	[op di sajkant]
partout (adv)	orals	[orals]
autour (adv)	orals rond	[orals ront]

de l'intérieur	van binne	[fan binnə]
quelque part (aller)	êrens	[ærɛŋs]
tout droit (adv)	reguit	[reχœit]
en arrière (revenir ~)	terug	[teruχ]

| de quelque part (n'import d'où) | êrens vandaan | [ærɛŋs fandān] |
| de quelque part (on ne sait pas d'où) | êrens vandaan | [ærɛŋs fandān] |

premièrement (adv)	in die eerste plek	[in di eərstə plek]
deuxièmement (adv)	in die tweede plek	[in di tweedə plek]
troisièmement (adv)	in die derde plek	[in di derdə plek]

soudain (adv)	skielik	[skilik]
au début (adv)	aan die begin	[ān di beχin]
pour la première fois	vir die eerste keer	[fir di eərstə keər]
bien avant ...	lank voordat ...	[lank foərdat ...]
de nouveau (adv)	opnuut	[opnɪt]
pour toujours (adv)	vir goed	[fir χut]

jamais (adv)	nooit	[nojt]
de nouveau, encore (adv)	weer	[veər]
maintenant (adv)	nou	[næʋ]
souvent (adv)	dikwels	[dikwɛls]
alors (adv)	toe	[tu]
d'urgence (adv)	dringend	[driŋən]
d'habitude (adv)	gewoonlik	[χevoənlik]

à propos, ...	terloops, ...	[terloəps], [...]
c'est possible	moontlik	[moentlik]
probablement (adv)	waarskynlik	[vārskajnlik]
peut-être (adv)	dalk	[dalk]

en plus, ...	trouens...	[træʋɛŋs...]
c'est pourquoi ...	dis hoekom ...	[dis hukom ...]
malgré ...	ondanks ...	[ondanks ...]
grâce à ...	danksy ...	[danksaj ...]
quoi (pron)	wat	[vat]
que (conj)	dat	[dat]
quelque chose (Il m'est arrivé ~)	iets	[its]
quelque chose (peut-on faire ~)	iets	[its]
rien (m)	niks	[niks]
qui (pron)	wie	[vi]
quelqu'un (on ne sait pas qui)	iemand	[imant]
quelqu'un (n'importe qui)	iemand	[imant]
personne (pron)	niemand	[nimant]
nulle part (aller ~)	nêrens	[nærɛŋs]
de personne	niemand se	[nimant sə]
de n'importe qui	iemand se	[imant sə]
comme ça (adv)	so	[so]
également (adv)	ook	[oək]
aussi (adv)	ook	[oək]

18. Les mots-outils. Les adverbes. Partie 2

Pourquoi?	Waarom?	[vārom?]
parce que ...	omdat ...	[omdat ...]
et (conj)	en	[ɛn]
ou (conj)	of	[of]
mais (conj)	maar	[mār]
pour ... (prep)	vir	[fir]
trop (adv)	te	[te]
seulement (adv)	net	[net]
précisément (adv)	presies	[presis]
près de ... (prep)	ongeveer	[onχəfeər]
approximativement	ongeveer	[onχəfeər]
approximatif (adj)	geraamde	[χerāmdə]
presque (adv)	amper	[ampər]
reste (m)	die res	[di res]
l'autre (adj)	die ander	[di andər]
autre (adj)	ander	[andər]
chaque (adj)	elke	[ɛlkə]
n'importe quel (adj)	enige	[ɛniχə]
beaucoup (adv)	baie	[bajə]
plusieurs (pron)	baie mense	[bajə mɛŋsə]
tous	almal	[almal]
en échange de ...	in ruil vir...	[in rœil fir...]

en échange (adv)	as vergoeding	[as ferχudiŋ]
à la main (adv)	met die hand	[met di hant]
peu probable (adj)	skaars	[skārs]
probablement (adv)	waarskynlik	[vārskajnlik]
exprès (adv)	opsetlik	[opcotlik]
par accident (adv)	toevallig	[tufalleχ]
très (adv)	baie	[baje]
par exemple (adv)	byvoorbeeld	[bajfoərbeəlt]
entre (prep)	tussen	[tussən]
parmi (prep)	tussen	[tussən]
autant (adv)	so baie	[so baje]
surtout (adv)	veral	[feral]

Concepts de base. Partie 2

19. Les jours de la semaine

lundi (m)	Maandag	[mãndaχ]
mardi (m)	Dinsdag	[dinsdaχ]
mercredi (m)	Woensdag	[voɛŋsdaχ]
jeudi (m)	Donderdag	[dondərdaχ]
vendredi (m)	Vrydag	[frajdaχ]
samedi (m)	Saterdag	[satərdaχ]
dimanche (m)	Sondag	[sondaχ]
aujourd'hui (adv)	vandag	[fandaχ]
demain (adv)	môre	[mɔrə]
après-demain (adv)	oormôre	[oərmɔrə]
hier (adv)	gister	[χistər]
avant-hier (adv)	eergister	[eərχistər]
jour (m)	dag	[daχ]
jour (m) ouvrable	werksdag	[verks·daχ]
jour (m) férié	openbare vakansiedag	[openbarə fakaŋsi·daχ]
jour (m) de repos	verlofdag	[ferlofdaχ]
week-end (m)	naweek	[naveək]
toute la journée	die hele dag	[di helə daχ]
le lendemain	die volgende dag	[di folχendə daχ]
il y a 2 jours	twee dae gelede	[tweə daə χeledə]
la veille	die dag voor	[di daχ foər]
quotidien (adj)	daeliks	[daəliks]
tous les jours	elke dag	[ɛlkə daχ]
semaine (f)	week	[veək]
la semaine dernière	laas week	[lãs veək]
la semaine prochaine	volgende week	[folχendə veək]
hebdomadaire (adj)	weekliks	[veəkliks]
chaque semaine	weekliks	[veəkliks]
tous les mardis	elke Dinsdag	[ɛlkə dinsdaχ]

20. Les heures. Le jour et la nuit

matin (m)	oggend	[oχent]
le matin	soggens	[soχɛŋs]
midi (m)	middag	[middaχ]
dans l'après-midi	in die namiddag	[in di namiddaχ]
soir (m)	aand	[ãnt]
le soir	saans	[sãŋs]
nuit (f)	nag	[naχ]

la nuit	snags	[snaχs]
minuit (f)	middernag	[middərnaχ]
seconde (f)	sekonde	[sekondə]
minute (f)	minuut	[minɪt]
heure (f)	uur	[ɪr]
demi-heure (f)	n halfuur	[n halfɪr]
quinze minutes	vyftien minute	[fajftin minutə]
vingt-quatre heures	24 ure	[fir-en-twintəχ urə]
lever (m) du soleil	sonop	[son·op]
aube (f)	daeraad	[daerāt]
point (m) du jour	elke oggend	[ɛlkə oχent]
coucher (m) du soleil	sononder	[son·ondər]
tôt le matin	vroegdag	[fruχdaχ]
ce matin	vanmôre	[fanmɔrə]
demain matin	môreoggend	[mɔrə·oχent]
cet après-midi	vanmiddag	[fanmiddaχ]
dans l'après-midi	in die namiddag	[in di namiddaχ]
demain après-midi	môremiddag	[mɔrə·middaχ]
ce soir	vanaand	[fanānt]
demain soir	môreaand	[mɔrə·ānt]
à 3 heures précises	klokslag 3 uur	[klokslaχ dri ɪr]
autour de 4 heures	omstreeks 4 uur	[omstreeks fir ɪr]
vers midi	teen 12 uur	[teən twalf ɪr]
dans 20 minutes	oor twintig minute	[oər twintəχ minutə]
à temps	betyds	[betajds]
... moins le quart	kwart voor ...	[kwart foər ...]
tous les quarts d'heure	elke 15 minute	[ɛlkə fajftin minutə]
24 heures sur 24	24 uur per dag	[fir-en-twintəχ pər daχ]

21. Les mois. Les saisons

janvier (m)	Januarie	[januari]
février (m)	Februarie	[februari]
mars (m)	Maart	[mārt]
avril (m)	April	[april]
mai (m)	Mei	[mæj]
juin (m)	Junie	[juni]
juillet (m)	Julie	[juli]
août (m)	Augustus	[ɔuχustus]
septembre (m)	September	[septembər]
octobre (m)	Oktober	[oktobər]
novembre (m)	November	[nofembər]
décembre (m)	Desember	[desembər]
printemps (m)	lente	[lentə]
au printemps	in die lente	[in di lentə]

de printemps (adj)	lente-	[lente-]
été (m)	somer	[somər]
en été	in die somer	[in di somər]
d'été (adj)	somerse	[somersə]

automne (m)	herfs	[herfs]
en automne	in die herfs	[in di herfs]
d'automne (adj)	herfsagtige	[herfsaχtiχə]

hiver (m)	winter	[vintər]
en hiver	in die winter	[in di vintər]
d'hiver (adj)	winter-	[vintər-]

mois (m)	maand	[mānt]
ce mois	hierdie maand	[hirdi mānt]
le mois prochain	volgende maand	[folχendə mānt]
le mois dernier	laasmaand	[lāsmānt]

| dans 2 mois | oor twe maande | [oər twe māndə] |
| tout le mois | die hele maand | [di helə mānt] |

mensuel (adj)	maandeliks	[māndəliks]
mensuellement	maandeliks	[māndəliks]
chaque mois	elke maand	[ɛlkə mānt]

année (f)	jaar	[jār]
cette année	hierdie jaar	[hirdi jār]
l'année prochaine	volgende jaar	[folχendə jār]
l'année dernière	laasjaar	[lāʃār]

| dans 2 ans | binne twee jaar | [binnə tweə jār] |
| toute l'année | die hele jaar | [di helə jār] |

chaque année	elke jaar	[ɛlkə jār]
annuel (adj)	jaarliks	[jārliks]
annuellement	jaarliks	[jārliks]
4 fois par an	4 keer per jaar	[fir keər pər jār]

date (f) (jour du mois)	datum	[datum]
date (f) (~ mémorable)	datum	[datum]
calendrier (m)	kalender	[kalendər]

semestre (m)	ses maande	[ses māndə]
saison (f)	seisoen	[sæjsun]
siècle (m)	eeu	[iʊ]

22. Les unités de mesure

poids (m)	gewig	[χeveχ]
longueur (f)	lengte	[leŋtə]
largeur (f)	breedte	[breədtə]
hauteur (f)	hoogte	[hoəχtə]
profondeur (f)	diepte	[diptə]
volume (m)	volume	[folumə]

aire (f)	area	[area]
gramme (m)	gram	[χram]
milligramme (m)	milligram	[milliχram]
kilogramme (m)	kilogram	[kiloχram]
tonne (f)	ton	[ton]
livre (f)	pond	[pont]
once (f)	ons	[ɔŋs]
mètre (m)	meter	[metər]
millimètre (m)	millimeter	[millimetər]
centimètre (m)	sentimeter	[sentimetər]
kilomètre (m)	kilometer	[kilometər]
mille (m)	myl	[majl]
pouce (m)	duim	[dœim]
pied (m)	voet	[fut]
yard (m)	jaart	[jārt]
mètre (m) carré	vierkante meter	[firkantə metər]
hectare (m)	hektaar	[hektār]
litre (m)	liter	[litər]
degré (m)	graad	[χrāt]
volt (m)	volt	[folt]
ampère (m)	ampère	[ampɛːr]
cheval-vapeur (m)	perdekrag	[perdə·kraχ]
quantité (f)	hoeveelheid	[hufeəlhæjt]
moitié (f)	helfte	[hɛlftə]
douzaine (f)	dosyn	[dosajn]
pièce (f)	stuk	[stuk]
dimension (f)	grootte	[χroəttə]
échelle (f) (de la carte)	skaal	[skāl]
minimal (adj)	minimaal	[minimāl]
le plus petit (adj)	die kleinste	[di klæjnstə]
moyen (adj)	medium	[medium]
maximal (adj)	maksimaal	[maksimāl]
le plus grand (adj)	die grootste	[di χroətstə]

23. Les récipients

bocal (m) en verre	glaspot	[χlas·pot]
boîte, canette (f)	blikkie	[blikki]
seau (m)	emmer	[ɛmmər]
tonneau (m)	drom	[drom]
bassine, cuvette (f)	wasbak	[vas·bak]
cuve (f)	tenk	[tɛnk]
flasque (f)	heupfles	[høəp·fles]
jerrican (m)	petrolblik	[petrol·blik]
citerne (f)	tenk	[tɛnk]
tasse (f), mug (m)	beker	[bekər]

tasse (f)	koppie	[koppi]
soucoupe (f)	piering	[piriŋ]
verre (m) (~ d'eau)	glas	[χlas]
verre (m) à vin	wynglas	[vajn·χlas]
faitout (m)	soppot	[sop·pot]
bouteille (f)	bottel	[bottəl]
goulot (m)	nek	[nek]
carafe (f)	kraffie	[kraffi]
pichet (m)	kruik	[krœik]
récipient (m)	houer	[hæʊər]
pot (m)	pot	[pot]
vase (m)	vaas	[fãs]
flacon (m)	bottel	[bottəl]
fiole (f)	botteltjie	[bottɛlki]
tube (m)	buisie	[bœisi]
sac (m) (grand ~)	sak	[sak]
sac (m) (~ en plastique)	sak	[sak]
paquet (m) (~ de cigarettes)	pakkie	[pakki]
boîte (f)	kartondoos	[karton·doəs]
caisse (f)	krat	[krat]
panier (m)	mandjie	[mandʒi]

L'HOMME

L'homme. Le corps humain

24. La tête

tête (f)	kop	[kop]
visage (m)	gesig	[xesəx]
nez (m)	neus	[nøəs]
bouche (f)	mond	[mont]
œil (m)	oog	[oəx]
les yeux	oë	[oɛ]
pupille (f)	pupil	[pupil]
sourcil (m)	wenkbrou	[vɛnk·bræʊ]
cil (m)	ooghaar	[oəx·hār]
paupière (f)	ooglid	[oəx·lit]
langue (f)	tong	[toŋ]
dent (f)	tand	[tant]
lèvres (f pl)	lippe	[lippə]
pommettes (f pl)	wangbene	[vaŋ·benə]
gencive (f)	tandvleis	[tand·flæjs]
palais (m)	verhemelte	[fer·hemɛltə]
narines (f pl)	neusgate	[nøəsxatə]
menton (m)	ken	[ken]
mâchoire (f)	kakebeen	[kakebeən]
joue (f)	wang	[vaŋ]
front (m)	voorhoof	[foərhoəf]
tempe (f)	slaap	[slāp]
oreille (f)	oor	[oər]
nuque (f)	agterkop	[axtərkop]
cou (m)	nek	[nek]
gorge (f)	keel	[keəl]
cheveux (m pl)	haar	[hār]
coiffure (f)	kapsel	[kapsəl]
coupe (f)	haarstyl	[hārstajl]
perruque (f)	pruik	[prœik]
moustache (f)	snor	[snor]
barbe (f)	baard	[bārt]
porter (~ la barbe)	dra	[dra]
tresse (f)	vlegsel	[flexsəl]
favoris (m pl)	bakkebaarde	[bakkəbārdə]
roux (adj)	rooiharig	[roj·harəx]
gris, grisonnant (adj)	grys	[xrajs]

chauve (adj)	kaal	[kāl]
calvitie (f)	kaal plek	[kāl plek]
queue (f) de cheval	poniestert	[poni·stert]
frange (f)	gordyntjiekapsel	[χordajnki·kapsəl]

25. Le corps humain

main (f)	hand	[hant]
bras (m)	arm	[arm]
doigt (m)	vinger	[fiŋər]
orteil (m)	toon	[toən]
pouce (m)	duim	[dœim]
petit doigt (m)	pinkie	[pinki]
ongle (m)	nael	[naəl]
poing (m)	vuis	[fœis]
paume (f)	palm	[palm]
poignet (m)	pols	[pols]
avant-bras (m)	voorarm	[foərarm]
coude (m)	elmboog	[ɛlmboəχ]
épaule (f)	skouer	[skæʋər]
jambe (f)	been	[beən]
pied (m)	voet	[fut]
genou (m)	knie	[kni]
mollet (m)	kuit	[kœit]
hanche (f)	heup	[høəp]
talon (m)	hakskeen	[hak·skeən]
corps (m)	liggaam	[liχχām]
ventre (m)	maag	[māχ]
poitrine (f)	bors	[bors]
sein (m)	bors	[bors]
côté (m)	sy	[saj]
dos (m)	rug	[ruχ]
reins (région lombaire)	lae rug	[laə ruχ]
taille (f) (~ de guêpe)	middel	[middəl]
nombril (m)	naeltjie	[naɛlki]
fesses (f pl)	boude	[bæʋdə]
derrière (m)	sitvlak	[sitflak]
grain (m) de beauté	moesie	[musi]
tache (f) de vin	moedervlek	[mudər·flek]
tatouage (m)	tatoe	[tatu]
cicatrice (f)	litteken	[littekən]

Les vêtements & les accessoires

26. Les vêtements d'extérieur

vêtement (m)	klere	[klerə]
survêtement (m)	oorklere	[oərklerə]
vêtement (m) d'hiver	winterklere	[vintər·klerə]
manteau (m)	jas	[jas]
manteau (m) de fourrure	pelsjas	[pelʃas]
veste (f) de fourrure	kort pelsjas	[kort pelʃas]
manteau (m) de duvet	donsjas	[donʃas]
veste (f) (~ en cuir)	baadjie	[bãdʒi]
imperméable (m)	reënjas	[rɛɛnjas]
imperméable (adj)	waterdig	[vatərdəχ]

27. Men's & women's clothing

chemise (f)	hemp	[hemp]
pantalon (m)	broek	[bruk]
jean (m)	denimbroek	[denim·bruk]
veston (m)	baadjie	[bãdʒi]
complet (m)	pak	[pak]
robe (f)	rok	[rok]
jupe (f)	romp	[romp]
chemisette (f)	bloes	[blus]
veste (f) en laine	gebreide baadjie	[χebræjdə bãdʒi]
jaquette (f), blazer (m)	baadjie	[bãdʒi]
tee-shirt (m)	T-hemp	[te-hemp]
short (m)	kortbroek	[kort·bruk]
costume (m) de sport	sweetpak	[sweət·pak]
peignoir (m) de bain	badjas	[batjas]
pyjama (m)	pajama	[pajama]
chandail (m)	trui	[trœi]
pull-over (m)	trui	[trœi]
gilet (m)	onderbaadjie	[ondər·bãdʒi]
queue-de-pie (f)	swaelstertbaadjie	[swaɛlstert·bãdʒi]
smoking (m)	aandpak	[ãntpak]
uniforme (m)	uniform	[uniform]
tenue (f) de travail	werksklere	[verks·klerə]
salopette (f)	oorpak	[oərpak]
blouse (f) (d'un médecin)	jas	[jas]

28. Les sous-vêtements

sous-vêtements (m pl)	onderklere	[ondərklerə]
boxer (m)	onderbroek	[ondərbruk]
slip (m) de femme	onderbroek	[ondərbruk]
maillot (m) de corps	frokkie	[frokki]
chaussettes (f pl)	sokkies	[sokkis]
chemise (f) de nuit	nagrok	[naχrok]
soutien-gorge (m)	bra	[bra]
chaussettes (f pl) hautes	kniekouse	[kni·kæʊsə]
collants (m pl)	kousbroek	[kæʊsbruk]
bas (m pl)	kouse	[kæʊsə]
maillot (m) de bain	baaikostuum	[bāj·kostɪm]

29. Les chapeaux

chapeau (m)	hoed	[hut]
chapeau (m) feutre	hoed	[hut]
casquette (f) de base-ball	bofbalpet	[bofbal·pet]
casquette (f)	pet	[pet]
béret (m)	mus	[mus]
capuche (f)	kap	[kap]
panama (m)	panamahoed	[panama·hut]
bonnet (m) de laine	gebreide mus	[χebræjdə mus]
foulard (m)	kopdoek	[kopduk]
chapeau (m) de femme	dameshoed	[dames·hut]
casque (m) (d'ouvriers)	veiligheidshelm	[fæjliχæjts·hɛlm]
calot (m)	mus	[mus]
casque (m) (~ de moto)	helmet	[hɛlmet]
melon (m)	bolhoed	[bolhut]
haut-de-forme (m)	hoëhoed	[hoɛhut]

30. Les chaussures

chaussures (f pl)	skoeisel	[skuisəl]
bottines (f pl)	mansskoene	[maɲs·skunə]
souliers (m pl) (~ plats)	damesskoene	[dames·skunə]
bottes (f pl)	laarse	[lārsə]
chaussons (m pl)	pantoffels	[pantoffəls]
tennis (m pl)	tennisskoene	[tɛnnis·skunə]
baskets (f pl)	tekkies	[tɛkkis]
sandales (f pl)	sandale	[sandalə]
cordonnier (m)	skoenmaker	[skun·makər]
talon (m)	hak	[hak]

paire (f)	paar	[pār]
lacet (m)	skoenveter	[skun·feter]
lacer (vt)	ryg	[rajχ]
chausse-pied (m)	skoenlepel	[skun·lepel]
cirage (m)	skoenpolitoer	[skun·politur]

31. Les accessoires personnels

gants (m pl)	handskoene	[handskune]
moufles (f pl)	duimhandskoene	[dœim·handskune]
écharpe (f)	serp	[serp]

lunettes (f pl)	bril	[bril]
monture (f)	raam	[rām]
parapluie (m)	sambreel	[sambreel]
canne (f)	wandelstok	[vandel·stok]
brosse (f) à cheveux	haarborsel	[hār·borsel]
éventail (m)	waaier	[vājer]

cravate (f)	das	[das]
nœud papillon (m)	strikkie	[strikki]
bretelles (f pl)	kruisbande	[krœis·bande]
mouchoir (m)	sakdoek	[sakduk]

peigne (m)	kam	[kam]
barrette (f)	haarspeld	[hārs·pɛlt]
épingle (f) à cheveux	haarpen	[hār·pen]
boucle (f)	gespe	[χespe]

| ceinture (f) | belt | [bɛlt] |
| bandoulière (f) | skouerband | [skæuer·bant] |

sac (m)	handsak	[hand·sak]
sac (m) à main	beursie	[bøørsi]
sac (m) à dos	rugsak	[ruχsak]

32. Les vêtements. Divers

mode (f)	mode	[mode]
à la mode (adj)	in die mode	[in di mode]
couturier, créateur de mode	modeontwerper	[mode·ontwerper]

col (m)	kraag	[krāχ]
poche (f)	sak	[sak]
de poche (adj)	sak-	[sak-]
manche (f)	mou	[mæʋ]
bride (f)	lussie	[lussi]
braguette (f)	gulp	[χulp]

fermeture (f) à glissière	ritssluiter	[rits·slœiter]
agrafe (f)	vasmaker	[fasmaker]
bouton (m)	knoop	[knoep]

boutonnière (f)	knoopsgat	[knoəps·χat]
s'arracher (bouton)	loskom	[loskom]
coudre (vi, vt)	naai	[nāi]
broder (vt)	borduur	[bordɪr]
broderie (f)	borduurwerk	[bordɪr·werk]
aiguille (f)	naald	[nālt]
fil (m)	garing	[χariŋ]
couture (f)	soom	[soəm]
se salir (vp)	vuil word	[fœil vort]
tache (f)	vlek	[flek]
se froisser (vp)	kreukel	[krøəkəl]
déchirer (vt)	skeur	[skøər]
mite (f)	mot	[mot]

33. L'hygiène corporelle. Les cosmétiques

dentifrice (m)	tandepasta	[tandə·pasta]
brosse (f) à dents	tandeborsel	[tandə·borsəl]
se brosser les dents	tande borsel	[tandə borsəl]
rasoir (m)	skeermes	[skeər·mes]
crème (f) à raser	skeerroom	[skeər·roəm]
se raser (vp)	skeer	[skeər]
savon (m)	seep	[seəp]
shampooing (m)	sjampoe	[ʃampu]
ciseaux (m pl)	skêr	[skær]
lime (f) à ongles	naelvyl	[naɛl·fajl]
pinces (f pl) à ongles	naelknipper	[naɛl·knippər]
pince (f) à épiler	haartangetjie	[hārtaŋəki]
produits (m pl) de beauté	kosmetika	[kosmetika]
masque (m) de beauté	gesigmasker	[χesiχ·maskər]
manucure (f)	manikuur	[manikɪr]
se faire les ongles	laat manikuur	[lāt manikɪr]
pédicurie (f)	voetbehandeling	[fut·behandeliŋ]
trousse (f) de toilette	kosmetika tassie	[kosmetika tassi]
poudre (f)	gesigpoeier	[χesiχ·pujer]
poudrier (m)	poeierdosie	[pujer·dosi]
fard (m) à joues	blosser	[blossər]
parfum (m)	parfuum	[parfɪm]
eau (f) de toilette	reukwater	[røək·vatər]
lotion (f)	vloeiroom	[flui·roəm]
eau de Cologne (f)	reukwater	[røək·vatər]
fard (m) à paupières	oogskadu	[oəχ·skadu]
crayon (m) à paupières	oogomlyner	[oəχ·omlajnər]
mascara (m)	maskara	[maskara]
rouge (m) à lèvres	lipstiffie	[lip·stiffi]

vernis (m) à ongles	naellak	[naɛl·lak]
laque (f) pour les cheveux	haarsproei	[hārs·prui]
déodorant (m)	reukweermiddel	[røøk·veərmiddəl]

crème (f)	room	[roəm]
crème (f) pour le visage	gesigroom	[χesiχ·roəm]
crème (f) pour les mains	handroom	[hand·roəm]
crème (f) anti-rides	antirimpelroom	[antirimpəl·roəm]
crème (f) de jour	dagroom	[daχ·roəm]
crème (f) de nuit	nagroom	[naχ·roəm]
de jour (adj)	dag-	[daχ-]
de nuit (adj)	nag-	[naχ-]

tampon (m)	tampon	[tampon]
papier (m) de toilette	toiletpapier	[tojlet·papir]
sèche-cheveux (m)	haardroër	[hār·drɔɛr]

34. Les montres. Les horloges

montre (f)	polshorlosie	[pols·horlosi]
cadran (m)	wyserplaat	[vajsər·plāt]
aiguille (f)	wyster	[vajstər]
bracelet (m)	metaal horlosiebandjie	[metāl horlosi·bandʒi]
bracelet (m) (en cuir)	horlosiebandjie	[horlosi·bandʒi]

pile (f)	battery	[battəraj]
être déchargé	pap wees	[pap veəs]
avancer (vi)	voorloop	[foərloəp]
retarder (vi)	agterloop	[aχtərloəp]

pendule (f)	muurhorlosie	[mɪr·horlosi]
sablier (m)	uurglas	[ɪr·χlas]
cadran (m) solaire	sonwyser	[son·wajsər]
réveil (m)	wekker	[vɛkkər]
horloger (m)	horlosiemaker	[horlosi·makər]
réparer (vt)	herstel	[herstəl]

Les aliments. L'alimentation

35. Les aliments

viande (f)	vleis	[flæjs]
poulet (m)	hoender	[hundər]
poulet (m) (poussin)	braaikuiken	[brāj·kœiken]
canard (m)	eend	[eent]
oie (f)	gans	[χaŋs]
gibier (m)	wild	[vilt]
dinde (f)	kalkoen	[kalkun]
du porc	varkvleis	[fark·flæjs]
du veau	kalfsvleis	[kalfs·flæjs]
du mouton	lamsvleis	[lams·flæjs]
du bœuf	beesvleis	[bees·flæjs]
lapin (m)	konynvleis	[konajn·flæjs]
saucisson (m)	wors	[vors]
saucisse (f)	Weense worsie	[vɛɛnsə vorsi]
bacon (m)	spek	[spek]
jambon (m)	ham	[ham]
cuisse (f)	gerookte ham	[χeroəktə ham]
pâté (m)	patee	[pateə]
foie (m)	lewer	[levər]
farce (f)	maalvleis	[māl·flæjs]
langue (f)	tong	[toŋ]
œuf (m)	eier	[æjer]
les œufs	eiers	[æjers]
blanc (m) d'œuf	eierwit	[æjer·wit]
jaune (m) d'œuf	dooier	[dojer]
poisson (m)	vis	[fis]
fruits (m pl) de mer	seekos	[seə·kos]
crustacés (m pl)	skaaldiere	[skāldirə]
caviar (m)	kaviaar	[kafiār]
crabe (m)	krab	[krap]
crevette (f)	garnaal	[χarnāl]
huître (f)	oester	[ustər]
langoustine (f)	seekreef	[seə·kreəf]
poulpe (m)	seekat	[seə·kat]
calamar (m)	pylinkvis	[pajl·inkfis]
esturgeon (m)	steur	[støer]
saumon (m)	salm	[salm]
flétan (m)	heilbot	[hæjlbot]
morue (f)	kabeljou	[kabeljæʊ]

maquereau (m)	makriel	[makril]
thon (m)	tuna	[tuna]
anguille (f)	paling	[paliŋ]
truite (f)	forel	[forəl]
sardine (f)	sardyn	[sardajn]
brochet (m)	varswatersnoek	[farswatər·snuk]
hareng (m)	haring	[hariŋ]
pain (m)	brood	[broət]
fromage (m)	kaas	[kãs]
sucre (m)	suiker	[sœikər]
sel (m)	sout	[sæʊt]
riz (m)	rys	[rajs]
pâtes (m pl)	pasta	[pasta]
nouilles (f pl)	noedels	[nudɛls]
beurre (m)	botter	[bottər]
huile (f) végétale	plantaardige olie	[plantãrdiχə oli]
huile (f) de tournesol	sonblomolie	[sonblom·oli]
margarine (f)	margarien	[marχarin]
olives (f pl)	olywe	[olajvə]
huile (f) d'olive	olyfolie	[olajf·oli]
lait (m)	melk	[melk]
lait (m) condensé	kondensmelk	[kondɛns·melk]
yogourt (m)	jogurt	[joχurt]
crème (f) aigre	suurroom	[sɪr·roəm]
crème (f) (de lait)	room	[roəm]
sauce (f) mayonnaise	mayonnaise	[majonɛs]
crème (f) au beurre	crème	[krɛm]
gruau (m)	ontbytgraan	[ontbajt·χrãn]
farine (f)	meelblom	[meəl·blom]
conserves (f pl)	blikkieskos	[blikkis·kos]
pétales (m pl) de maïs	mielievlokkies	[mili·flokkis]
miel (m)	heuning	[høəniŋ]
confiture (f)	konfyt	[konfajt]
gomme (f) à mâcher	kougom	[kæʊχom]

36. Les boissons

eau (f)	water	[vatər]
eau (f) potable	drinkwater	[drink·vatər]
eau (f) minérale	mineraalwater	[minerãl·vatər]
plate (adj)	sonder gas	[sondər χas]
gazeuse (l'eau ~)	soda-	[soda-]
pétillante (adj)	bruis-	[brœis-]
glace (f)	ys	[ajs]

avec de la glace	met ys	[met ajs]
sans alcool	nie-alkoholies	[ni-alkoholis]
boisson (f) non alcoolisée	koeldrank	[kul·drank]
rafraîchissement (m)	verfrissende drank	[ferfrissendə drank]
limonade (f)	limonade	[limonadə]
boissons (f pl) alcoolisées	likeure	[likøərə]
vin (m)	wyn	[vajn]
vin (m) blanc	witwyn	[vit·vajn]
vin (m) rouge	rooiwyn	[roj·vajn]
liqueur (f)	likeur	[likøər]
champagne (m)	sjampanje	[ʃampanje]
vermouth (m)	vermoet	[fermut]
whisky (m)	whisky	[vhiskaj]
vodka (f)	vodka	[fodka]
gin (m)	jenever	[jenefər]
cognac (m)	brandewyn	[brandə·vajn]
rhum (m)	rum	[rum]
café (m)	koffie	[koffi]
café (m) noir	swart koffie	[swart koffi]
café (m) au lait	koffie met melk	[koffi met melk]
cappuccino (m)	capuccino	[kaputʃino]
café (m) soluble	poeierkoffie	[pujer·koffi]
lait (m)	melk	[melk]
cocktail (m)	mengeldrankie	[menχəl·dranki]
cocktail (m) au lait	melkskommel	[melk·skomməl]
jus (m)	sap	[sap]
jus (m) de tomate	tamatiesap	[tamati·sap]
jus (m) d'orange	lemoensap	[lemoən·sap]
jus (m) pressé	vars geparste sap	[fars χeparstə sap]
bière (f)	bier	[bir]
bière (f) blonde	ligte bier	[liχtə bir]
bière (f) brune	donker bier	[donkər bir]
thé (m)	tee	[teə]
thé (m) noir	swart tee	[swart teə]
thé (m) vert	groen tee	[χrun teə]

37. Les légumes

légumes (m pl)	groente	[χruntə]
verdure (f)	groente	[χruntə]
tomate (f)	tamatie	[tamati]
concombre (m)	komkommer	[komkommər]
carotte (f)	wortel	[vortəl]
pomme (f) de terre	aartappel	[ārtappəl]
oignon (m)	ui	[œi]

ail (m)	knoffel	[knoffəl]
chou (m)	kool	[koəl]
chou-fleur (m)	blomkool	[blom·koəl]
chou (m) de Bruxelles	Brusselspruite	[brussɛl·sprœitə]
brocoli (m)	broccoli	[brokoli]
betterave (f)	beet	[beət]
aubergine (f)	eiervrug	[æjerfruχ]
courgette (f)	vingerskorsie	[fiŋər·skorsi]
potiron (m)	pampoen	[pampun]
navet (m)	raap	[rāp]
persil (m)	pietersielie	[pitərsili]
fenouil (m)	dille	[dillə]
laitue (f) (salade)	slaai	[slāi]
céleri (m)	seldery	[selderaj]
asperge (f)	aspersie	[aspersi]
épinard (m)	spinasie	[spinasi]
pois (m)	ertjie	[ɛrki]
fèves (f pl)	boontjies	[boənkis]
maïs (m)	mielie	[mili]
haricot (m)	nierboontjie	[nir·boənki]
poivron (m)	paprika	[paprika]
radis (m)	radys	[radajs]
artichaut (m)	artisjok	[artiʃok]

38. Les fruits. Les noix

fruit (m)	vrugte	[fruχtə]
pomme (f)	appel	[appəl]
poire (f)	peer	[peər]
citron (m)	suurlemoen	[sɪr·lemun]
orange (f)	lemoen	[lemun]
fraise (f)	aarbei	[ārbæj]
mandarine (f)	nartjie	[narki]
prune (f)	pruim	[prœim]
pêche (f)	perske	[perskə]
abricot (m)	appelkoos	[appɛlkoəs]
framboise (f)	framboos	[framboəs]
ananas (m)	pynappel	[pajnappəl]
banane (f)	piesang	[pisaŋ]
pastèque (f)	waatlemoen	[vātlemun]
raisin (m)	druif	[drœif]
cerise (f)	suurkersie	[sɪr·kersi]
merise (f)	soetkersie	[sut·kersi]
melon (m)	spanspek	[spaŋspek]
pamplemousse (m)	pomelo	[pomelo]
avocat (m)	avokado	[afokado]
papaye (f)	papaja	[papaja]

mangue (f)	mango	[manχo]
grenade (f)	granaat	[χranãt]

groseille (f) rouge	rooi aalbessie	[roj ãlbɛssi]
cassis (m)	swartbessie	[swartbɛssi]
groseille (f) verte	appelliefie	[appɛllifi]
myrtille (f)	bosbessie	[bosbɛssi]
mûre (f)	braambessie	[brãmbɛssi]

raisin (m) sec	rosyntjie	[rosajnki]
figue (f)	vy	[faj]
datte (f)	dadel	[dadəl]

cacahuète (f)	grondboontjie	[χront·boənki]
amande (f)	amandel	[amandəl]
noix (f)	okkerneut	[okkər·nøət]
noisette (f)	haselneut	[hasɛl·nøət]
noix (f) de coco	klapper	[klappər]
pistaches (f pl)	pistachio	[pistatʃio]

39. Le pain. Les confiseries

confiserie (f)	soet gebak	[sut χebak]
pain (m)	brood	[broət]
biscuit (m)	koekies	[kukis]

chocolat (m)	sjokolade	[ʃokoladə]
en chocolat (adj)	sjokolade	[ʃokoladə]
bonbon (m)	lekkers	[lɛkkərs]
gâteau (m), pâtisserie (f)	koek	[kuk]
tarte (f)	koek	[kuk]

gâteau (m)	pastei	[pastæj]
garniture (f)	vulsel	[fulsəl]

confiture (f)	konfyt	[konfajt]
marmelade (f)	marmelade	[marmeladə]
gaufre (f)	wafels	[vafɛls]
glace (f)	roomys	[roəm·ajs]
pudding (m)	poeding	[pudiŋ]

40. Les plats cuisinés

plat (m)	gereg	[χerəχ]
cuisine (f)	kookkuns	[koək·kuns]
recette (f)	resep	[resep]
portion (f)	porsie	[porsi]

salade (f)	slaai	[slãi]
soupe (f)	sop	[sop]
bouillon (m)	helder sop	[hɛldər sop]
sandwich (m)	toebroodjie	[tubroədʒi]

les œufs brouillés	gabakte eiers	[χabaktə æjers]
hamburger (m)	hamburger	[hamburχər]
steak (m)	biefstuk	[bifstuk]

garniture (f)	sygereg	[saj·χerəχ]
spaghettis (m pl)	spaghetti	[spaχɛtti]
purée (f)	kapokaartappels	[kapok·ārtappəls]
pizza (f)	pizza	[pizza]
bouillie (f)	pap	[pap]
omelette (f)	omelet	[oməlet]

cuit à l'eau (adj)	gekook	[χekoək]
fumé (adj)	gerook	[χeroək]
frit (adj)	gebak	[χebak]
sec (adj)	gedroog	[χedroəχ]
congelé (adj)	gevries	[χefris]
mariné (adj)	gepiekel	[χepikəl]

sucré (adj)	soet	[sut]
salé (adj)	sout	[sæʊt]
froid (adj)	koud	[kæʊt]
chaud (adj)	warm	[varm]
amer (adj)	bitter	[bittər]
bon (savoureux)	smaaklik	[smāklik]

cuire à l'eau	kook in water	[koək in vatər]
préparer (le dîner)	kook	[koək]
faire frire	braai	[braj]
réchauffer (vt)	opwarm	[opwarm]

saler (vt)	sout	[sæʊt]
poivrer (vt)	peper	[pepər]
râper (vt)	rasp	[rasp]
peau (f)	skil	[skil]
éplucher (vt)	skil	[skil]

41. Les épices

sel (m)	sout	[sæʊt]
salé (adj)	sout	[sæʊt]
saler (vt)	sout	[sæʊt]

poivre (m) noir	swart peper	[swart pepər]
poivre (m) rouge	rooi peper	[roj pepər]
moutarde (f)	mosterd	[mostert]
raifort (m)	peperwortel	[peper·wortəl]

condiment (m)	smaakmiddel	[smāk·middəl]
épice (f)	spesery	[spesəraj]
sauce (f)	sous	[sæʊs]
vinaigre (m)	asyn	[asajn]

| anis (m) | anys | [anajs] |
| basilic (m) | basilikum | [basilikum] |

clou (m) de girofle	naeltjies	[naɛlkis]
gingembre (m)	gemmer	[χɛmmər]
coriandre (m)	koljander	[koljandər]
cannelle (f)	kaneel	[kaneəl]
sésame (m)	sesamsaad	[sesam·sāt]
feuille (f) de laurier	lourierblaar	[læʊrir·blār]
paprika (m)	paprika	[paprika]
cumin (m)	komynsaad	[komajnsāt]
safran (m)	saffraan	[saffrān]

42. Les repas

nourriture (f)	kos	[kos]
manger (vi, vt)	eet	[eət]
petit déjeuner (m)	ontbyt	[ontbajt]
prendre le petit déjeuner	ontbyt	[ontbajt]
déjeuner (m)	middagete	[middaχ·etə]
déjeuner (vi)	gaan eet	[χān eət]
dîner (m)	aandete	[āndetə]
dîner (vi)	aandete gebruik	[āndetə χebrœik]
appétit (m)	aptyt	[aptajt]
Bon appétit!	Smaaklike ete!	[smāklikə etə!]
ouvrir (vt)	oopmaak	[oəpmāk]
renverser (liquide)	mors	[mors]
se renverser (liquide)	mors	[mors]
bouillir (vi)	kook	[koək]
faire bouillir	kook	[koək]
bouilli (l'eau ~e)	gekook	[χekoək]
refroidir (vt)	laat afkoel	[lāt afkul]
se refroidir (vp)	afkoel	[afkul]
goût (m)	smaak	[smāk]
arrière-goût (m)	nasmaak	[nasmāk]
suivre un régime	vermaer	[fermaər]
régime (m)	dieet	[diət]
vitamine (f)	vitamien	[fitamin]
calorie (f)	kalorie	[kalori]
végétarien (m)	vegetariër	[feχetariɛr]
végétarien (adj)	vegetaries	[feχetaris]
lipides (m pl)	vette	[fɛttə]
protéines (f pl)	proteïen	[proteïen]
glucides (m pl)	koolhidrate	[koəlhidratə]
tranche (f)	snytjie	[snajki]
morceau (m)	stuk	[stuk]
miette (f)	krummel	[krummǝl]

43. Le dressage de la table

cuillère (f)	lepel	[lepəl]
couteau (m)	mes	[mes]
fourchette (f)	vurk	[furk]
tasse (f)	koppie	[koppi]
assiette (f)	bord	[bort]
soucoupe (f)	piering	[piriŋ]
serviette (f)	servet	[serfət]
cure-dent (m)	tandestokkie	[tandə·stokki]

44. Le restaurant

restaurant (m)	restaurant	[restɔurant]
salon (m) de café	koffiekroeg	[koffi·kruχ]
bar (m)	kroeg	[kruχ]
salon (m) de thé	teekamer	[teə·kamər]
serveur (m)	kelner	[kɛlnər]
serveuse (f)	kelnerin	[kɛlnərin]
barman (m)	kroegman	[kruχman]
carte (f)	spyskaart	[spajs·kãrt]
carte (f) des vins	wyn	[vajn]
réserver une table	wynkaart	[vajn·kãrt]
plat (m)	gereg	[χerəχ]
commander (vt)	bestel	[bestəl]
faire la commande	bestel	[bestəl]
apéritif (m)	drankie	[dranki]
hors-d'œuvre (m)	voorgereg	[foərχerəχ]
dessert (m)	nagereg	[naχerəχ]
addition (f)	rekening	[rekəniŋ]
régler l'addition	die rekening betaal	[di rekəniŋ betãl]
rendre la monnaie	kleingeld gee	[klæjn·χɛlt χeə]
pourboire (m)	fooitjie	[fojki]

La famille. Les parents. Les amis

45. Les données personnelles. Les formulaires

prénom (m)	voornaam	[foərnãm]
nom (m) de famille	van	[fan]
date (f) de naissance	geboortedatum	[χeboərtə·datum]
lieu (m) de naissance	geboorteplek	[χeboərtə·plek]
nationalité (f)	nasionaliteit	[naʃionalitæjt]
domicile (m)	woonplek	[voən·plek]
pays (m)	land	[lant]
profession (f)	beroep	[berup]
sexe (m)	geslag	[χeslaχ]
taille (f)	lengte	[leŋtə]
poids (m)	gewig	[χeveχ]

46. La famille. Les liens de parenté

mère (f)	moeder	[mudər]
père (m)	vader	[fadər]
fils (m)	seun	[søən]
fille (f)	dogter	[doχtər]
fille (f) cadette	jonger dogter	[joŋər doχtər]
fils (m) cadet	jonger seun	[joŋər søən]
fille (f) aînée	oudste dogter	[æʊdstə doχtər]
fils (m) aîné	oudste seun	[æʊdstə søən]
frère (m)	broer	[brur]
frère (m) aîné	ouer broer	[æʊer brur]
frère (m) cadet	jonger broer	[joŋər brur]
sœur (f)	suster	[sustər]
sœur (f) aînée	ouer suster	[æʊer sustər]
sœur (f) cadette	jonger suster	[joŋər sustər]
cousin (m)	neef	[neəf]
cousine (f)	neef	[neəf]
maman (f)	ma	[ma]
papa (m)	pa	[pa]
parents (m pl)	ouers	[æʊers]
enfant (m, f)	kind	[kint]
enfants (pl)	kinders	[kindərs]
grand-mère (f)	ouma	[æʊma]
grand-père (m)	oupa	[æʊpa]

petit-fils (m)	kleinseun	[klæjn·søən]
petite-fille (f)	kleindogter	[klæjn·doχtər]
petits-enfants (pl)	kleinkinders	[klæjn·kindərs]
oncle (m)	oom	[oəm]
tante (f)	tante	[tantə]
neveu (m)	neef	[neəf]
nièce (f)	nig	[niχ]
belle-mère (f)	skoonma	[skoən·ma]
beau-père (m)	skoonpa	[skoən·pa]
gendre (m)	skoonseun	[skoən·søən]
belle-mère (f)	stiefma	[stifma]
beau-père (m)	stiefpa	[stifpa]
nourrisson (m)	baba	[baba]
bébé (m)	baba	[baba]
petit (m)	seuntjie	[søənki]
femme (f)	vrou	[fræʊ]
mari (m)	man	[man]
époux (m)	eggenoot	[ɛχχenoət]
épouse (f)	eggenote	[ɛχχenotə]
marié (adj)	getroud	[χetræʊt]
mariée (adj)	getroud	[χetræʊt]
célibataire (adj)	ongetroud	[onχetræʊt]
célibataire (m)	vrygesel	[frajχesəl]
divorcé (adj)	geskei	[χeskæj]
veuve (f)	weduwee	[veduveə]
veuf (m)	wedunaar	[vedunãr]
parent (m)	familielid	[famililit]
parent (m) proche	na familie	[na famili]
parent (m) éloigné	ver familie	[fer famili]
parents (m pl)	familielede	[famililedə]
orphelin (m)	weeskind	[veəskint]
orpheline (f)	weeskind	[veəskint]
tuteur (m)	voog	[foəχ]
adopter (un garçon)	aanneem	[ānneəm]
adopter (une fille)	aanneem	[ānneəm]

La médecine

47. Les maladies

maladie (f)	siekte	[siktə]
être malade	siek wees	[sik veəs]
santé (f)	gesondheid	[χesonthæjt]
rhume (m) (coryza)	loopneus	[loəpnøəs]
angine (f)	keelontsteking	[keəl·ontstekiŋ]
refroidissement (m)	verkoue	[ferkæuə]
bronchite (f)	bronchitis	[bronχitis]
pneumonie (f)	longontsteking	[loŋ·ontstekiŋ]
grippe (f)	griep	[χrip]
myope (adj)	bysiende	[bajsində]
presbyte (adj)	versiende	[fersində]
strabisme (m)	skeelheid	[skeəlhæjt]
strabique (adj)	skeel	[skeəl]
cataracte (f)	katarak	[katarak]
glaucome (m)	gloukoom	[χlæukoəm]
insulte (f)	beroerte	[berurtə]
crise (f) cardiaque	hartaanval	[hart·ānfal]
infarctus (m) de myocarde	hartinfark	[hart·infark]
paralysie (f)	verlamming	[ferlammiŋ]
paralyser (vt)	verlam	[ferlam]
allergie (f)	allergie	[allerχi]
asthme (m)	asma	[asma]
diabète (m)	suikersiekte	[sœikər·siktə]
mal (m) de dents	tandpyn	[tand·pajn]
carie (f)	tandbederf	[tand·bederf]
diarrhée (f)	diarree	[diarreə]
constipation (f)	hardlywigheid	[hardlajviχæjt]
estomac (m) barbouillé	maagongesteldheid	[māχ·oŋəstɛldhæjt]
intoxication (f) alimentaire	voedselvergiftiging	[fudsəl·ferχiftəχiŋ]
être intoxiqué	voedselvergiftiging kry	[fudsəl·ferχiftəχiŋ kraj]
arthrite (f)	artritis	[artritis]
rachitisme (m)	Engelse siekte	[ɛŋəlsə siktə]
rhumatisme (m)	reumatiek	[røəmatik]
athérosclérose (f)	artrosklerose	[artroskleroəsə]
gastrite (f)	maagontsteking	[māχ·ontstekiŋ]
appendicite (f)	blindedermontsteking	[blindəderm·ontstekiŋ]
cholécystite (f)	galblaasontsteking	[χalblās·ontstekiŋ]

ulcère (m)	maagsweer	[mãχsweər]
rougeole (f)	masels	[masɛls]
rubéole (f)	Duitse masels	[dœitsə masɛls]
jaunisse (f)	geelsug	[χeəlsuχ]
hépatite (f)	hepatitis	[hepatitis]

schizophrénie (f)	skisofrenie	[skisofreni]
rage (f) (hydrophobie)	hondsdolheid	[hondsdolhæjt]
névrose (f)	neurose	[nøərosə]
commotion (f) cérébrale	harsingskudding	[harsiŋ·skuddiŋ]

cancer (m)	kanker	[kankər]
sclérose (f)	sklerose	[sklerosə]
sclérose (f) en plaques	veelvuldige sklerose	[feəlfuldiχə sklerosə]

alcoolisme (m)	alkoholisme	[alkoholismə]
alcoolique (m)	alkoholikus	[alkoholikus]
syphilis (f)	sifilis	[sifilis]
SIDA (m)	VIGS	[vigs]

tumeur (f)	tumor	[tumor]
maligne (adj)	kwaadaardig	[kwãdãrdəχ]
bénigne (adj)	goedaardig	[χudãrdəχ]

fièvre (f)	koors	[koərs]
malaria (f)	malaria	[malaria]
gangrène (f)	gangreen	[χanχreən]
mal (m) de mer	seesiekte	[seə·siktə]
épilepsie (f)	epilepsie	[ɛpilepsi]

épidémie (f)	epidemie	[ɛpidemi]
typhus (m)	tifus	[tifus]
tuberculose (f)	tuberkulose	[tuberkulosə]
choléra (m)	cholera	[χolera]
peste (f)	pes	[pes]

48. Les symptômes. Le traitement. Partie 1

symptôme (m)	simptoom	[simptoəm]
température (f)	temperatuur	[temperatr]
fièvre (f)	koors	[koərs]
pouls (m)	polsslag	[pols·slaχ]

vertige (m)	duiseligheid	[dœiseliχæjt]
chaud (adj)	warm	[varm]
frisson (m)	koue rillings	[kæʋə rilliŋs]
pâle (adj)	bleek	[bleək]

toux (f)	hoes	[hus]
tousser (vi)	hoes	[hus]
éternuer (vi)	nies	[nis]
évanouissement (m)	floute	[flæʋtə]
s'évanouir (vp)	flou word	[flæʋ vort]
bleu (m)	blou kol	[blæʋ kol]

bosse (f)	knop	[knop]
se heurter (vp)	stamp	[stamp]
meurtrissure (f)	besering	[beseriŋ]

boiter (vi)	hink	[hink]
foulure (f)	ontwrigting	[ontwriχtiŋ]
se démettre (l'épaule, etc.)	ontwrig	[ontwrəχ]
fracture (f)	breuk	[brøək]
avoir une fracture	n breuk hê	[n brøək hɛ:]

coupure (f)	sny	[snaj]
se couper (~ le doigt)	jouself sny	[jæusɛlf snaj]
hémorragie (f)	bloeding	[bludiŋ]

brûlure (f)	brandwond	[brant·vont]
se brûler (vp)	jouself brand	[jæusɛlf brant]

se piquer (le doigt)	prik	[prik]
se piquer (vp)	jouself prik	[jæusɛlf prik]
blesser (vt)	seermaak	[seermãk]
blessure (f)	besering	[beseriŋ]
plaie (f) (blessure)	wond	[vont]
trauma (m)	trauma	[trɔuma]

délirer (vi)	yl	[ajl]
bégayer (vi)	stotter	[stottər]
insolation (f)	sonsteek	[sɔŋ·steək]

49. Les symptômes. Le traitement. Partie 2

douleur (f)	pyn	[pajn]
écharde (f)	splinter	[splintər]

sueur (f)	sweet	[sweət]
suer (vi)	sweet	[sweət]
vomissement (m)	braak	[brãk]
spasmes (m pl)	stuiptrekkings	[stœip·trɛkkiŋs]

enceinte (adj)	swanger	[swaŋər]
naître (vi)	gebore word	[χeborə vort]
accouchement (m)	geboorte	[χeboərtə]
accoucher (vi)	baar	[bãr]
avortement (m)	aborsie	[aborsi]

respiration (f)	asemhaling	[asemhaliŋ]
inhalation (f)	inaseming	[inasemiŋ]
expiration (f)	uitaseming	[œitasemiŋ]
expirer (vi)	uitasem	[œitasem]
inspirer (vi)	inasem	[inasem]

invalide (m)	invalide	[infalidə]
handicapé (m)	kreupel	[krøəpəl]
drogué (m)	dwelmslaaf	[dwɛlm·slãf]
sourd (adj)	doof	[doəf]

| muet (adj) | stom | [stom] |
| sourd-muet (adj) | doofstom | [doəf·stom] |

fou (adj)	swaksinnig	[swaksinnəχ]
fou (m)	kranksinnige	[kranksinniχə]
folle (f)	kranksinnige	[kranksinniχə]
devenir fou	kranksinnig word	[kranksinnəχ vort]

gène (m)	geen	[χeən]
immunité (f)	immuniteit	[immunitæjt]
héréditaire (adj)	erflik	[εrflik]
congénital (adj)	aangebore	[ānχəborə]

virus (m)	virus	[firus]
microbe (m)	mikrobe	[mikrobə]
bactérie (f)	bakterie	[bakteri]
infection (f)	infeksie	[infeksi]

50. Les symptômes. Le traitement. Partie 3

| hôpital (m) | hospitaal | [hospitāl] |
| patient (m) | pasiënt | [pasiεnt] |

diagnostic (m)	diagnose	[diaχnosə]
cure (f) (faire une ~)	genesing	[χenesiŋ]
traitement (m)	mediese behandeling	[medisə behandəliŋ]
se faire soigner	behandeling kry	[behandəliŋ kraj]
traiter (un patient)	behandel	[behandəl]
soigner (un malade)	versorg	[fersorχ]
soins (m pl)	versorging	[fersorχiŋ]

opération (f)	operasie	[operasi]
panser (vt)	verbind	[ferbint]
pansement (m)	verband	[ferbant]
vaccination (f)	inenting	[inεntiŋ]
vacciner (vt)	inent	[inεnt]
piqûre (f)	inspuiting	[inspœitiŋ]

crise, attaque (f)	aanval	[ānfal]
amputation (f)	amputasie	[amputasi]
amputer (vt)	amputeer	[amputeər]
coma (m)	koma	[koma]
réanimation (f)	intensiewe sorg	[intεnsivə sorχ]

se rétablir (vp)	herstel	[herstəl]
état (m) (de santé)	kondisie	[kondisi]
conscience (f)	bewussyn	[bevussajn]
mémoire (f)	geheue	[χəhøə]

arracher (une dent)	trek	[trek]
plombage (m)	vulsel	[fulsəl]
plomber (vt)	vul	[ful]
hypnose (f)	hipnose	[hipnosə]
hypnotiser (vt)	hipnotiseer	[hipnotiseər]

51. Les médecins

médecin (m)	dokter	[dokter]
infirmière (f)	verpleegster	[ferpleeχ·ster]
médecin (m) personnel	lyfarts	[lajf·arts]
dentiste (m)	tandarts	[tand·arts]
ophtalmologiste (m)	oogarts	[oeχ·arts]
généraliste (m)	internis	[internis]
chirurgien (m)	chirurg	[ʃirurχ]
psychiatre (m)	psigiater	[psiχiater]
pédiatre (m)	kinderdokter	[kinder·dokter]
psychologue (m)	sielkundige	[silkundiχe]
gynécologue (m)	ginekoloog	[χinekoloeχ]
cardiologue (m)	kardioloog	[kardioloeχ]

52. Les médicaments. Les accessoires

médicament (m)	medisyn	[medisajn]
remède (m)	geneesmiddel	[χenees·middel]
prescrire (vt)	voorskryf	[foerskrajf]
ordonnance (f)	voorskrif	[foerskrif]
comprimé (m)	pil	[pil]
onguent (m)	salf	[salf]
ampoule (f)	ampul	[ampul]
mixture (f)	mengsel	[meŋsel]
sirop (m)	stroop	[stroep]
pilule (f)	pil	[pil]
poudre (f)	poeier	[pujer]
bande (f)	verband	[ferbant]
coton (m) (ouate)	watte	[vatte]
iode (m)	iodium	[iodium]
sparadrap (m)	pleister	[plæjster]
compte-gouttes (m)	oogdrupper	[oeχ·drupper]
thermomètre (m)	termometer	[termometer]
seringue (f)	spuitnaald	[spœit·nãlt]
fauteuil (m) roulant	rolstoel	[rol·stul]
béquilles (f pl)	krukke	[krukke]
anesthésique (m)	pynstiller	[pajn·stiller]
purgatif (m)	lakseermiddel	[lakseer·middel]
alcool (m)	spiritus	[spiritus]
herbe (f) médicinale	geneeskragtige kruie	[χenees·kraχtiχe krœie]
d'herbes (adj)	kruie-	[krœie-]

L'HABITAT HUMAIN

La ville

53. La ville. La vie urbaine

ville (f)	stad	[stat]
capitale (f)	hoofstad	[hoəf·stat]
village (m)	dorp	[dorp]
plan (m) de la ville	stadskaart	[stats·kārt]
centre-ville (m)	sentrum	[sentrum]
banlieue (f)	voorstad	[foərstat]
de banlieue (adj)	voorstedelik	[foərstedelik]
périphérie (f)	buitewyke	[bœitəvajkə]
alentours (m pl)	omgewing	[omχeviŋ]
quartier (m)	stadswyk	[stats·wajk]
quartier (m) résidentiel	woonbuurt	[voənbɪrt]
trafic (m)	verkeer	[ferkeər]
feux (m pl) de circulation	robot	[robot]
transport (m) urbain	openbare vervoer	[openbarə ferfur]
carrefour (m)	kruispunt	[krœis·punt]
passage (m) piéton	sebraoorgang	[sebra·oərχaŋ]
passage (m) souterrain	voetgangertonnel	[futχaŋər·tonnəl]
traverser (vt)	oorsteek	[oərsteek]
piéton (m)	voetganger	[futχaŋər]
trottoir (m)	sypaadjie	[saj·pādʒi]
pont (m)	brug	[bruχ]
quai (m)	wal	[val]
fontaine (f)	fontein	[fontæjn]
allée (f)	laning	[laniŋ]
parc (m)	park	[park]
boulevard (m)	boulevard	[bulefar]
place (f)	plein	[plæjn]
avenue (f)	laan	[lān]
rue (f)	straat	[strāt]
ruelle (f)	systraat	[saj·strāt]
impasse (f)	doodloopstraat	[doədloəp·strāt]
maison (f)	huis	[hœis]
édifice (m)	gebou	[χebæʊ]
gratte-ciel (m)	wolkekrabber	[volkə·krabbər]
façade (f)	gewel	[χevəl]
toit (m)	dak	[dak]

fenêtre (f)	venster	[fɛŋstər]
arc (m)	arkade	[arkadə]
colonne (f)	kolom	[kolom]
coin (m)	hoek	[huk]

vitrine (f)	uitstalraam	[œitstalrãm]
enseigne (f)	reklamebord	[reklamə·bort]
affiche (f)	plakkaat	[plakkãt]
affiche (f) publicitaire	reklameplakkaat	[reklamə·plakkãt]
panneau-réclame (m)	aanplakbord	[ãnplakbort]

ordures (f pl)	vullis	[fullis]
poubelle (f)	vullisbak	[fullis·bak]
jeter à terre	rommel strooi	[rommǝl stroj]
décharge (f)	vullishoop	[fullis·hoəp]

cabine (f) téléphonique	telefoonhokkie	[telefoən·hokki]
réverbère (m)	lamppaal	[lamp·pãl]
banc (m)	bank	[bank]

policier (m)	polisieman	[polisi·man]
police (f)	polisie	[polisi]
clochard (m)	bedelaar	[bedelãr]
sans-abri (m)	daklose	[daklosə]

54. Les institutions urbaines

magasin (m)	winkel	[vinkəl]
pharmacie (f)	apteek	[apteək]
opticien (m)	optisiën	[optisiɛn]
centre (m) commercial	winkelsentrum	[vinkəl·sentrum]
supermarché (m)	supermark	[supermark]

boulangerie (f)	bakkery	[bakkeraj]
boulanger (m)	bakker	[bakkər]
pâtisserie (f)	banketbakkery	[banket·bakkeraj]
épicerie (f)	kruidenierswinkel	[krœidenirs·vinkəl]
boucherie (f)	slagter	[slaχtər]

| magasin (m) de légumes | groentewinkel | [χruntə·vinkəl] |
| marché (m) | mark | [mark] |

salon (m) de café	koffiekroeg	[koffi·kruχ]
restaurant (m)	restaurant	[restourant]
brasserie (f)	kroeg	[kruχ]
pizzeria (f)	pizzeria	[pizzeria]

salon (m) de coiffure	haarsalon	[hãr·salon]
poste (f)	poskantoor	[pos·kantoər]
pressing (m)	droogskoonmakers	[droǝχ·skoən·makers]
atelier (m) de photo	fotostudio	[foto·studio]

| magasin (m) de chaussures | skoenwinkel | [skun·vinkəl] |
| librairie (f) | boekhandel | [buk·handəl] |

magasin (m) d'articles de sport	sportwinkel	[sport·vinkəl]
atelier (m) de retouche	klereherstelwinkel	[klerə·herstəl·vinkəl]
location (f) de vêtements	klereverhuurwinkel	[klerə·ferhɪr·vinkəl]
location (f) de films	videowinkel	[video·vinkəl]
cirque (m)	sirkus	[sirkus]
zoo (m)	dieretuin	[dirə·tœin]
cinéma (m)	bioskoop	[bioskoəp]
musée (m)	museum	[musøəm]
bibliothèque (f)	biblioteek	[biblioteək]
théâtre (m)	teater	[teatər]
opéra (m)	opera	[opera]
boîte (f) de nuit	nagklub	[naχ·klup]
casino (m)	kasino	[kasino]
mosquée (f)	moskee	[moskeə]
synagogue (f)	sinagoge	[sinaχoχə]
cathédrale (f)	katedraal	[katedrãl]
temple (m)	tempel	[tempəl]
église (f)	kerk	[kerk]
institut (m)	kollege	[kolledʒ]
université (f)	universiteit	[unifersitæjt]
école (f)	skool	[skoəl]
préfecture (f)	stadhuis	[stat·hœis]
mairie (f)	stadhuis	[stat·hœis]
hôtel (m)	hotel	[hotəl]
banque (f)	bank	[bank]
ambassade (f)	ambassade	[ambassadə]
agence (f) de voyages	reisagentskap	[ræjs·aχentskap]
bureau (m) d'information	inligtingskantoor	[inliχtiŋs·kantoər]
bureau (m) de change	wisselkantoor	[vissəl·kantoər]
métro (m)	metro	[metro]
hôpital (m)	hospitaal	[hospitãl]
station-service (f)	petrolstasie	[petrol·stasi]
parking (m)	parkeerterrein	[parkeər·terræjn]

55. Les enseignes. Les panneaux

enseigne (f)	reklamebord	[reklamə·bort]
pancarte (f)	kennisgewing	[kɛnnis·χeviŋ]
poster (m)	plakkaat	[plakkãt]
indicateur (m) de direction	rigtingwyser	[riχtiŋ·wajsər]
flèche (f)	pyl	[pajl]
avertissement (m)	waarskuwing	[vãrskuviŋ]
panneau d'avertissement	waarskuwingsbord	[vãrskuviŋs·bort]
avertir (vt)	waarsku	[vãrsku]
jour (m) de repos	rusdag	[rusdaχ]

horaire (m)	diensrooster	[diŋs·roəstər]
heures (f pl) d'ouverture	besigheidsure	[besiχæjts·urə]
BIENVENUE!	WELKOM!	[vɛlkom!]
ENTRÉE	INGANG	[inχaŋ]
SORTIE	UITGANG	[œitχaŋ]
POUSSER	STOOT	[stoət]
TIRER	TREK	[trek]
OUVERT	OOP	[oəp]
FERMÉ	GESLUIT	[χeslœit]
FEMMES	DAMES	[dames]
HOMMES	MANS	[maŋs]
RABAIS	AFSLAG	[afslaχ]
SOLDES	UITVERKOPING	[œitferkopiŋ]
NOUVEAU!	NUUT!	[nɪt!]
GRATUIT	GRATIS	[χratis]
ATTENTION!	PAS OP!	[pas op!]
COMPLET	VOLBESPREEK	[folbespreək]
RÉSERVÉ	BESPREEK	[bespreək]
ADMINISTRATION	ADMINISTRASIE	[administrasi]
RÉSERVÉ AU PERSONNEL	SLEGS PERSONEEL	[sleχs personeəl]
ATTENTION CHIEN MÉCHANT	PAS OP VIR DIE HOND!	[pas op fir di hont!]
DÉFENSE DE FUMER	ROOK VERBODE	[roək ferbodə]
PRIÈRE DE NE PAS TOUCHER	NIE AANRAAK NIE!	[ni ānrāk ni!]
DANGEREUX	GEVAARLIK	[χefãrlik]
DANGER	GEVAAR	[χefãr]
HAUTE TENSION	HOOGSPANNING	[hoəχ·spanniŋ]
BAIGNADE INTERDITE	NIE SWEM NIE	[ni swem ni]
HORS SERVICE	BUITE WERKING	[bœitə verkiŋ]
INFLAMMABLE	ONTVLAMBAAR	[ontflambãr]
INTERDIT	VERBODE	[ferbodə]
PASSAGE INTERDIT	TOEGANG VERBODE!	[tuχaŋ ferbode!]
PEINTURE FRAÎCHE	NAT VERF	[nat ferf]

56. Les transports en commun

autobus (m)	bus	[bus]
tramway (m)	trem	[trem]
trolleybus (m)	trembus	[trembus]
itinéraire (m)	busroete	[bus·rutə]
numéro (m)	nommer	[nommər]
prendre ...	ry per ...	[raj pər ...]
monter (dans l'autobus)	inklim	[inklim]

descendre de ...	uitklim ...	[œitklim ...]
arrêt (m)	halte	[haltə]
arrêt (m) prochain	volgende halte	[folχendə haltə]
terminus (m)	eindpunt	[æjnd·punt]
horaire (m)	diensrooster	[diŋs·roəstər]
attendre (vt)	wag	[vaχ]
ticket (m)	kaartjie	[kārki]
prix (m) du ticket	reistarief	[ræjs·tarif]
caissier (m)	kaartjieverkoper	[kārki·ferkopər]
contrôle (m) des tickets	kaartjiekontrole	[kārki·kontrolə]
contrôleur (m)	kontroleur	[kontroləər]
être en retard	laat wees	[lāt veəs]
rater (~ le train)	mis	[mis]
se dépêcher	haastig wees	[hāstəχ veəs]
taxi (m)	taxi	[taksi]
chauffeur (m) de taxi	taxibestuurder	[taksi·bestɪrdər]
en taxi	per taxi	[pər taksi]
arrêt (m) de taxi	taxistaanplek	[taksi·stānplek]
trafic (m)	verkeer	[ferkeər]
embouteillage (m)	verkeersknoop	[ferkeərs·knoəp]
heures (f pl) de pointe	spitsuur	[spits·ɪr]
se garer (vp)	parkeer	[parkeər]
garer (vt)	parkeer	[parkeər]
parking (m)	parkeerterrein	[parkeər·terræjn]
métro (m)	metro	[metro]
station (f)	stasie	[stasi]
prendre le métro	die metro vat	[di metro fat]
train (m)	trein	[træjn]
gare (f)	treinstasie	[træjn·stasi]

57. Le tourisme

monument (m)	monument	[monument]
forteresse (f)	fort	[fort]
palais (m)	paleis	[palæjs]
château (m)	kasteel	[kasteəl]
tour (f)	toring	[toriŋ]
mausolée (m)	mausoleum	[mɔusoləəm]
architecture (f)	argitektuur	[arχitektɪr]
médiéval (adj)	Middeleeus	[middeliʊs]
ancien (adj)	oud	[æʊt]
national (adj)	nasionaal	[naʃionāl]
connu (adj)	bekend	[bekent]
touriste (m)	toeris	[turis]
guide (m) (personne)	gids	[χids]
excursion (f)	uitstappie	[œitstappi]

montrer (vt)	wys	[vajs]
raconter (une histoire)	vertel	[fertəl]
trouver (vt)	vind	[fint]
se perdre (vp)	verdwaal	[ferdwāl]
plan (m) (du metro, etc.)	kaart	[kārt]
carte (f) (de la ville, etc.)	kaart	[kārt]
souvenir (m)	aandenking	[āndenkiŋ]
boutique (f) de souvenirs	geskenkwinkel	[χɛskɛnk·vinkəl]
prendre en photo	fotografeer	[fotoχrafeər]
se faire prendre en photo	jou portret laat maak	[jæʊ portret lāt māk]

58. Le shopping

acheter (vt)	koop	[koəp]
achat (m)	aankoop	[ānkoəp]
faire des achats	inkopies doen	[inkopis dun]
shopping (m)	inkoop	[inkoəp]
être ouvert	oop wees	[oəp veəs]
être fermé	toe wees	[tu veəs]
chaussures (f pl)	skoeisel	[skuisəl]
vêtement (m)	klere	[klerə]
produits (m pl) de beauté	kosmetika	[kosmetika]
produits (m pl) alimentaires	voedingsware	[fudiŋs·warə]
cadeau (m)	present	[present]
vendeur (m)	verkoper	[ferkopər]
vendeuse (f)	verkoopsdame	[ferkoəps·damə]
caisse (f)	kassier	[kassir]
miroir (m)	spieël	[spiɛl]
comptoir (m)	toonbank	[toən·bank]
cabine (f) d'essayage	paskamer	[pas·kamər]
essayer (robe, etc.)	aanpas	[ānpas]
aller bien (robe, etc.)	pas	[pas]
plaire (être apprécié)	hou van	[hæʊ fan]
prix (m)	prys	[prajs]
étiquette (f) de prix	pryskaartjie	[prajs·kārki]
coûter (vt)	kos	[kos]
Combien?	Hoeveel?	[hufeəl?]
rabais (m)	afslag	[afslaχ]
pas cher (adj)	billik	[billik]
bon marché (adj)	goedkoop	[χudkoəp]
cher (adj)	duur	[dɪr]
C'est cher	dis duur	[dis dɪr]
location (f)	verhuur	[fərhɪr]
louer (une voiture, etc.)	verhuur	[fərhɪr]

| crédit (m) | krediet | [kredit] |
| à crédit (adv) | op krediet | [op kredit] |

59. L'argent

argent (m)	geld	[χɛlt]
échange (m)	valutaruil	[faluta·rœil]
cours (m) de change	wisselkoers	[vissəl·kurs]
distributeur (m)	OTM	[o·te·em]
monnaie (f)	muntstuk	[muntstuk]

| dollar (m) | dollar | [dollar] |
| euro (m) | euro | [øəro] |

lire (f)	lira	[lira]
mark (m) allemand	Duitse mark	[dœitsə mark]
franc (m)	frank	[frank]
livre sterling (f)	pond sterling	[pont sterliŋ]
yen (m)	yen	[jɛn]

dette (f)	skuld	[skult]
débiteur (m)	skuldenaar	[skuldenãr]
prêter (vt)	uitleen	[œitleən]
emprunter (vt)	leen	[leən]

banque (f)	bank	[bank]
compte (m)	rekening	[rekəniŋ]
verser (dans le compte)	deponeer	[deponeər]
retirer du compte	trek	[trek]

carte (f) de crédit	kredietkaart	[kredit·kãrt]
espèces (f pl)	kontant	[kontant]
chèque (m)	tjek	[tʃek]
chéquier (m)	tjekboek	[tʃek·buk]

portefeuille (m)	beursie	[bøərsi]
bourse (f)	muntstukbeursie	[muntstuk·bøərsi]
coffre fort (m)	brandkas	[brant·kas]

héritier (m)	erfgenaam	[ɛrfχənãm]
héritage (m)	erfenis	[ɛrfenis]
fortune (f)	fortuin	[fortœin]

location (f)	huur	[hɪr]
loyer (m) (argent)	huur	[hɪr]
louer (prendre en location)	huur	[hɪr]

prix (m)	prys	[prajs]
coût (m)	prys	[prajs]
somme (f)	som	[som]

dépenser (vt)	spandeer	[spandeər]
dépenses (f pl)	onkoste	[onkostə]
économiser (vt)	besuinig	[besœinəχ]

économe (adj)	ekonomies	[ɛkonomis]
payer (régler)	betaal	[betāl]
paiement (m)	betaling	[betaliŋ]
monnaie (f) (rendre la ~)	wisselgeld	[vissəl·χɛlt]
impôt (m)	belasting	[belastiŋ]
amende (f)	boete	[butə]
mettre une amende	beboet	[bebut]

60. La poste. Les services postaux

poste (f)	poskantoor	[pos·kantoər]
courrier (m) (lettres, etc.)	pos	[pos]
facteur (m)	posbode	[pos·bodə]
heures (f pl) d'ouverture	besigheidsure	[besiχæjts·urə]

lettre (f)	brief	[brif]
recommandé (m)	geregistreerde brief	[χereχistreərdə brif]
carte (f) postale	poskaart	[pos·kārt]
télégramme (m)	telegram	[teleχram]
colis (m)	pakkie	[pakki]
mandat (m) postal	geldoorplasing	[χɛld·oərplasiŋ]

recevoir (vt)	ontvang	[ontfaŋ]
envoyer (vt)	stuur	[stɪr]
envoi (m)	versending	[fersendiŋ]

adresse (f)	adres	[adres]
code (m) postal	poskode	[pos·kodə]
expéditeur (m)	sender	[sendər]
destinataire (m)	ontvanger	[ontfaŋər]

| prénom (m) | voornaam | [foərnām] |
| nom (m) de famille | van | [fan] |

tarif (m)	postarief	[pos·tarif]
normal (adj)	standaard	[standārt]
économique (adj)	ekonomies	[ɛkonomis]

poids (m)	gewig	[χevəχ]
peser (~ les lettres)	weeg	[veəχ]
enveloppe (f)	koevert	[kufert]
timbre (m)	posseël	[pos·seɛl]

Le logement. La maison. Le foyer

61. La maison. L'êlectricité

électricité (f)	krag, elektrisiteit	[kraχ], [elektrisitæjt]
ampoule (f)	gloeilamp	[χlui·lamp]
interrupteur (m)	skakelaar	[skakəlār]
plomb, fusible (m)	sekering	[sekəriŋ]
fil (m) (~ électrique)	kabel	[kabəl]
installation (f) électrique	bedrading	[bedradiŋ]
compteur (m) électrique	kragmeter	[kraχ·metər]
relevé (m)	lesings	[lesiŋs]

62. La villa et le manoir

maison (f) de campagne	buitewoning	[bœitə·voniŋ]
villa (f)	landhuis	[land·hœis]
aile (f) (~ ouest)	vleuel	[fløəəl]
jardin (m)	tuin	[tœin]
parc (m)	park	[park]
serre (f) tropicale	tropiese kweekhuis	[tropisə kweek·hœis]
s'occuper (~ du jardin)	versorg	[fersorχ]
piscine (f)	swembad	[swem·bat]
salle (f) de gym	gim	[χim]
court (m) de tennis	tennisbaan	[tɛnnis·bān]
salle (f) de cinéma	huisteater	[hœis·teatər]
garage (m)	garage	[χaraʒə]
propriété (f) privée	privaat besit	[prifāt besit]
terrain (m) privé	privaateiendom	[prifāt·æjendom]
avertissement (m)	waarskuwing	[vārskuviŋ]
panneau d'avertissement	waarskuwingsbord	[vārskuviŋs·bort]
sécurité (f)	sekuriteit	[sekuritæjt]
agent (m) de sécurité	veiligheidswag	[fæjliχæjts·waχ]
alarme (f) antivol	diefalarm	[dif·alarm]

63. L'appartement

appartement (m)	woonstel	[voəŋstəl]
chambre (f)	kamer	[kamər]
chambre (f) à coucher	slaapkamer	[slāp·kamər]

salle (f) à manger	eetkamer	[eət·kamər]
salon (m)	sitkamer	[sit·kamər]
bureau (m)	studeerkamer	[studeər·kamər]

antichambre (f)	ingangsportaal	[inχaŋs·portāl]
salle (f) de bains	badkamer	[bad·kamər]
toilettes (f pl)	toilet	[tojlet]

plafond (m)	plafon	[plafon]
plancher (m)	vloer	[flur]
coin (m)	hoek	[huk]

64. Les meubles. L'intérieur

meubles (m pl)	meubels	[møəbɛls]
table (f)	tafel	[tafel]
chaise (f)	stoel	[stul]
lit (m)	bed	[bet]

| canapé (m) | rusbank | [rusbank] |
| fauteuil (m) | gemakstoel | [χemak·stul] |

| bibliothèque (f) (meuble) | boekkas | [buk·kas] |
| rayon (m) | rak | [rak] |

armoire (f)	klerekas	[klerə·kas]
patère (f)	kapstok	[kapstok]
portemanteau (m)	kapstok	[kapstok]

| commode (f) | laaikas | [lājkas] |
| table (f) basse | koffietafel | [koffi·tafəl] |

miroir (m)	spieël	[spiɛl]
tapis (m)	mat	[mat]
petit tapis (m)	matjie	[maki]

cheminée (f)	vuurherd	[fɪr·hert]
bougie (f)	kers	[kers]
chandelier (m)	kandelaar	[kandelār]

rideaux (m pl)	gordyne	[χordajnə]
papier (m) peint	muurpapier	[mɪr·papir]
jalousie (f)	blindings	[blindiŋs]

| lampe (f) de table | tafellamp | [tafel·lamp] |
| applique (f) | muurlamp | [mɪr·lamp] |

| lampadaire (m) | staanlamp | [stān·lamp] |
| lustre (m) | kroonlugter | [kroən·luχtər] |

pied (m) (~ de la table)	poot	[poət]
accoudoir (m)	armleuning	[arm·løəniŋ]
dossier (m)	rugleuning	[ruχ·løəniŋ]
tiroir (m)	laai	[lāi]

65. La literie

linge (m) de lit	beddegoed	[beddə·χut]
oreiller (m)	kussing	[kussiŋ]
taie (f) d'oreiller	kussingsloop	[kussiŋ·sloəp]
couverture (f)	duvet	[dufet]
drap (m)	laken	[laken]
couvre-lit (m)	bedsprei	[bed·spræj]

66. La cuisine

cuisine (f)	kombuis	[kombœis]
gaz (m)	gas	[χas]
cuisinière (f) à gaz	gasstoof	[χas·stoəf]
cuisinière (f) électrique	elektriese stoof	[elektrisə stoəf]
four (m)	oond	[oent]
four (m) micro-ondes	mikrogolfoond	[mikroχolf·oent]
réfrigérateur (m)	yskas	[ajs·kas]
congélateur (m)	vrieskas	[friskas]
lave-vaisselle (m)	skottelgoedwasser	[skottɛlχud·wassər]
hachoir (m) à viande	vleismeul	[flæjs·møəl]
centrifugeuse (f)	versapper	[fersappər]
grille-pain (m)	broodrooster	[broəd·roəstər]
batteur (m)	menger	[meŋər]
machine (f) à café	koffiemasjien	[koffi·maʃin]
cafetière (f)	koffiepot	[koffi·pot]
moulin (m) à café	koffiemeul	[koffi·møəl]
bouilloire (f)	fluitketel	[flœit·ketəl]
théière (f)	teepot	[teə·pot]
couvercle (m)	deksel	[deksəl]
passoire (f) à thé	teesiffie	[teə·siffi]
cuillère (f)	lepel	[lepəl]
petite cuillère (f)	teelepeltjie	[teə·lepəlki]
cuillère (f) à soupe	soplepel	[sop·lepəl]
fourchette (f)	vurk	[furk]
couteau (m)	mes	[mes]
vaisselle (f)	tafelgerei	[tafel·χeræj]
assiette (f)	bord	[bort]
soucoupe (f)	piering	[piriŋ]
verre (m) à shot	likeurglas	[likøər·χlas]
verre (m) (~ d'eau)	glas	[χlas]
tasse (f)	koppie	[koppi]
sucrier (m)	suikerpot	[sœikər·pot]
salière (f)	soutvaatjie	[sæut·fāki]
poivrière (f)	pepervaatjie	[pepər·fāki]

beurrier (m)	botterbakkie	[bottər·bakki]
casserole (f)	soppot	[sop·pot]
poêle (f)	braaipan	[brāj·pan]
louche (f)	opskeplepel	[opskep·lepəl]
passoire (f)	vergiet	[ferχit]
plateau (m)	skinkbord	[skink·bort]
bouteille (f)	bottel	[bottəl]
bocal (m) (à conserves)	fles	[fles]
boîte (f) en fer-blanc	blikkie	[blikki]
ouvre-bouteille (m)	botteloopmaker	[bottəl·oəpmakər]
ouvre-boîte (m)	blikoopmaker	[blik·oəpmakər]
tire-bouchon (m)	kurktrekker	[kurk·trɛkkər]
filtre (m)	filter	[filtər]
filtrer (vt)	filter	[filtər]
ordures (f pl)	vullis	[fullis]
poubelle (f)	vullisbak	[fullis·bak]

67. La salle de bains

salle (f) de bains	badkamer	[bad·kamər]
eau (f)	water	[vatər]
robinet (m)	kraan	[krān]
eau (f) chaude	warme water	[varmə vatər]
eau (f) froide	koue water	[kæʊə vatər]
dentifrice (m)	tandepasta	[tandə·pasta]
se brosser les dents	tande borsel	[tandə borsəl]
brosse (f) à dents	tandeborsel	[tandə·borsəl]
se raser (vp)	skeer	[skeər]
mousse (f) à raser	skeerroom	[skeər·roəm]
rasoir (m)	skeermes	[skeər·mes]
laver (vt)	was	[vas]
se laver (vp)	bad	[bat]
douche (f)	stort	[stort]
prendre une douche	stort	[stort]
baignoire (f)	bad	[bat]
cuvette (f)	toilet	[tojlet]
lavabo (m)	wasbak	[vas·bak]
savon (m)	seep	[seəp]
porte-savon (m)	seepbakkie	[seəp·bakki]
éponge (f)	spons	[spɔŋs]
shampooing (m)	sjampoe	[ʃampu]
serviette (f)	handdoek	[handduk]
peignoir (m) de bain	badjas	[batjas]
lessive (f) (faire la ~)	was	[vas]
machine (f) à laver	wasmasjien	[vas·maʃin]

| faire la lessive | die wasgoed was | [di vasχut vas] |
| lessive (f) (poudre) | waspoeier | [vas·pujer] |

68. Les appareils êlectromênagers

téléviseur (m)	TV-stel	[te·fe-stəl]
magnétophone (m)	bandspeler	[band·speler]
magnétoscope (m)	videomasjien	[video·maʃin]
radio (f)	radio	[radio]
lecteur (m)	speler	[speler]

vidéoprojecteur (m)	videoprojektor	[video·projektor]
home cinéma (m)	tuisfliekteater	[tœis·flik·teater]
lecteur DVD (m)	DVD-speler	[de·fe·de-speler]
amplificateur (m)	versterker	[fersterker]
console (f) de jeux	videokonsole	[video·kɔŋsole]

caméscope (m)	videokamera	[video·kamera]
appareil (m) photo	kamera	[kamera]
appareil (m) photo numérique	digitale kamera	[diχitale kamera]

aspirateur (m)	stofsuier	[stof·sœier]
fer (m) à repasser	strykyster	[strajk·ajster]
planche (f) à repasser	strykplank	[strajk·plank]

téléphone (m)	telefoon	[telefoen]
portable (m)	selfoon	[sɛlfoen]
machine (f) à écrire	tikmasjien	[tik·maʃin]
machine (f) à coudre	naaimasjien	[naj·maʃin]

micro (m)	mikrofoon	[mikrofoen]
écouteurs (m pl)	koptelefoon	[kop·telefoen]
télécommande (f)	afstandsbeheer	[afstands·beheer]

CD (m)	CD	[se·de]
cassette (f)	kasset	[kasset]
disque (m) (vinyle)	plaat	[plāt]

LES ACTIVITÉS HUMAINS

Le travail. Les affaires. Partie 1

69. Le bureau. La vie de bureau

bureau (m) (établissement)	kantoor	[kantoər]
bureau (m) (au travail)	kantoor	[kantoər]
accueil (m)	ontvangs	[ontfaŋs]
secrétaire (m)	sekretaris	[sekretaris]
secrétaire (f)	sekretaresse	[sekretarɛssə]
directeur (m)	direkteur	[direktøər]
manager (m)	bestuurder	[bestɪrdər]
comptable (m)	boekhouer	[bukhæʋər]
collaborateur (m)	werknemer	[verknemər]
meubles (m pl)	meubels	[møəbɛls]
bureau (m)	lessenaar	[lɛssenãr]
fauteuil (m)	draaistoel	[drãj·stul]
classeur (m) à tiroirs	laaikas	[lãjkas]
portemanteau (m)	kapstok	[kapstok]
ordinateur (m)	rekenaar	[rekənãr]
imprimante (f)	drukker	[drukkər]
fax (m)	faksmasjien	[faks·maʃin]
copieuse (f)	fotostaatmasjien	[fotostãt·maʃin]
papier (m)	papier	[papir]
papeterie (f)	kantoorbenodigdhede	[kantoər·benodiχdhedə]
tapis (m) de souris	muismatjie	[mœis·maki]
feuille (f)	blaai	[blãi]
classeur (m)	binder	[bindər]
catalogue (m)	katalogus	[kataloχus]
annuaire (m)	telefoongids	[telefoən·χids]
documents (m pl)	dokumentasie	[dokumentasi]
brochure (f)	brosjure	[broʃurə]
prospectus (m)	strooibiljet	[stroj·biljet]
échantillon (m)	monsterkaart	[mɔnstər·kãrt]
formation (f)	opleidingsvergadering	[oplæjdiŋs·ferχaderiŋ]
réunion (f)	vergadering	[ferχaderiŋ]
pause (f) déjeuner	middagpouse	[middaχ·pæʋsə]
faire des copies	aantal kopieë maak	[ãntal kopiɛ mãk]
téléphoner, appeler	bel	[bəl]
répondre (vi, vt)	antwoord	[antwoərt]
passer (au téléphone)	deursit	[døərsit]

fixer (rendez-vous)	reël	[rɛɛl]
montrer (un échantillon)	demonstreer	[demɔŋstreer]
être absent	afwesig wees	[afwesəχ vees]
absence (f)	afwesigheid	[afwesiχæjt]

70. Les processus d'affaires. Partie 1

| affaire (f) (business) | besigheid | [besiχæjt] |
| métier (m) | beroep | [berup] |

firme (f), société (f)	firma	[firma]
compagnie (f)	maatskappy	[mātskappaj]
corporation (f)	korporasie	[korporasi]
entreprise (f)	onderneming	[ondərnemiŋ]
agence (f)	agentskap	[aχentskap]

accord (m)	ooreenkoms	[oereenkoms]
contrat (m)	kontrak	[kontrak]
marché (m) (accord)	transaksie	[traŋsaksi]
commande (f)	bestelling	[bestɛlliŋ]
terme (m) (~ du contrat)	voorwaarde	[foerwārdə]

en gros (adv)	groothandels-	[χroet·handəls-]
en gros (adj)	groothandels-	[χroet·handəls-]
vente (f) en gros	groothandel	[χroet·handəl]
au détail (adj)	kleinhandels-	[klæjn·handəls-]
vente (f) au détail	kleinhandel	[klæjn·handəl]

concurrent (m)	konkurrent	[konkurrent]
concurrence (f)	konkurrensie	[konkurrɛŋsi]
concurrencer (vt)	kompeteer	[kompeteər]

| associé (m) | vennoot | [fɛnnoət] |
| partenariat (m) | vennootskap | [fɛnnoətskap] |

crise (f)	krisis	[krisis]
faillite (f)	bankrotskap	[bankrotskap]
faire faillite	bankrot speel	[bankrot speəl]
difficulté (f)	moeilikheid	[muilikhæjt]
problème (m)	probleem	[probleəm]
catastrophe (f)	katastrofe	[katastrofə]

économie (f)	ekonomie	[ɛkonomi]
économique (adj)	ekonomiese	[ɛkonomisə]
baisse (f) économique	ekonomiese agteruitgang	[ɛkonomisə aχtər·œitχaŋ]

| but (m) | doel | [dul] |
| objectif (m) | opdrag | [opdraχ] |

faire du commerce	handel	[handəl]
réseau (m) (de distribution)	netwerk	[netwerk]
inventaire (m) (stocks)	voorraad	[foerrāt]
assortiment (m)	reeks	[reeks]
leader (m)	leier	[læjer]

grande (~ entreprise)	groot	[χroət]
monopole (m)	monopolie	[monopoli]
théorie (f)	teorie	[teori]
pratique (f)	praktyk	[praktajk]
expérience (f)	ervaring	[ɛrfariŋ]
tendance (f)	tendens	[tendɛŋs]
développement (m)	ontwikkeling	[ontwikkeliŋ]

71. Les processus d'affaires. Partie 2

rentabilité (m)	wins	[vins]
rentable (adj)	voordelig	[foərdeləχ]
délégation (f)	delegasie	[deleχasi]
salaire (m)	salaris	[salaris]
corriger (une erreur)	korrigeer	[korriχeər]
voyage (m) d'affaires	sakereis	[sakeræjs]
commission (f)	kommissie	[kommissi]
contrôler (vt)	kontroleer	[kontroleər]
conférence (f)	konferensie	[konferɛŋsi]
licence (f)	lisensie	[lisɛŋsi]
fiable (partenaire ~)	betroubaar	[betræubār]
initiative (f)	inisiatief	[inisiatif]
norme (f)	norm	[norm]
circonstance (f)	omstandigheid	[omstandiχæjt]
fonction (f)	taak	[tāk]
entreprise (f)	organisasie	[orχanisasi]
organisation (f)	organisasie	[orχanisasi]
organisé (adj)	georganiseer	[χeorχaniseər]
annulation (f)	kansellering	[kaŋsɛlleriŋ]
annuler (vt)	kanselleer	[kaŋsɛlleər]
rapport (m)	verslag	[ferslaχ]
brevet (m)	patent	[patent]
breveter (vt)	patenteer	[patenteər]
planifier (vt)	beplan	[beplan]
prime (f)	bonus	[bonus]
professionnel (adj)	professioneel	[profɛssioneəl]
procédure (f)	prosedure	[prosedurə]
examiner (vt)	ondersoek	[ondərsuk]
calcul (m)	berekening	[berekeniŋ]
réputation (f)	reputasie	[reputasi]
risque (m)	risiko	[risiko]
diriger (~ une usine)	beheer	[beheər]
renseignements (m pl)	informasie	[informasi]
propriété (f)	eiendom	[æjendom]
union (f)	unie	[uni]

assurance vie (f)	lewensversekering	[lɛvɛŋs·fersekeriŋ]
assurer (vt)	verseker	[fersekər]
assurance (f)	versekering	[fersekeriŋ]

enchères (f pl)	veiling	[fæjliŋ]
notifier (informer)	laat weet	[lāt veət]
gestion (f)	beheer	[beheər]
service (m)	diens	[diŋs]

forum (m)	forum	[forum]
fonctionner (vi)	funksioneer	[funksioneər]
étape (f)	stadium	[stadium]
juridique (services ~s)	regs-	[reχs-]
juriste (m)	regsgeleerde	[reχs·χeleərdə]

72. L'usine. La production

usine (f)	fabriek	[fabrik]
fabrique (f)	fabriek	[fabrik]
atelier (m)	werkplek	[vɛrkplɛk]
site (m) de production	bedryf	[bedrajf]

industrie (f)	industrie	[industri]
industriel (adj)	industrieel	[industriəl]
industrie (f) lourde	swaar industrie	[swār industri]
industrie (f) légère	ligte industrie	[liχtə industri]

produit (m)	produkte	[produktə]
produire (vt)	produseer	[produseər]
matières (f pl) premières	grondstowwe	[χront·stowə]

chef (m) d'équipe	voorman	[foərman]
équipe (f) d'ouvriers	werkspan	[vɛrks·pan]
ouvrier (m)	werker	[verkər]

jour (m) ouvrable	werksdag	[vɛrks·daχ]
pause (f) (repos)	pouse	[pæʊsə]
réunion (f)	vergadering	[ferχaderiŋ]
discuter (vt)	bespreek	[bespreək]

plan (m)	plan	[plan]
accomplir le plan	die plan uitvoer	[di plan œitfur]
norme (f) de production	produksienorm	[produksi·norm]
qualité (f)	kwaliteit	[kwalitæjt]
contrôle (m)	kontrole	[kontrolə]
contrôle (m) qualité	kwaliteitskontrole	[kwalitæjts·kontrolə]

sécurité (f) de travail	werkplekveiligheid	[vɛrkplɛk·fæjliχæjt]
discipline (f)	dissipline	[dissiplinə]
infraction (f)	oortreding	[oərtrediŋ]
violer (les règles)	oortree	[oərtreə]

| grève (f) | staking | [stakiŋ] |
| gréviste (m) | staker | [stakər] |

faire grève	staak	[stāk]
syndicat (m)	vakbond	[fakbont]

inventer (machine, etc.)	uitvind	[œitfint]
invention (f)	uitvinding	[œitfindiŋ]
recherche (f)	navorsing	[naforsiŋ]
améliorer (vt)	verbeter	[fərbeter]
technologie (f)	tegnologie	[teχnoloχi]
dessin (m) technique	tegniese tekening	[teχnisə tekəniŋ]

charge (f) (~ de 3 tonnes)	vrag	[fraχ]
chargeur (m)	laaier	[lājer]
charger (véhicule, etc.)	laai	[lāi]
chargement (m)	laai	[lāi]
décharger (vt)	uitlaai	[œitlāi]
déchargement (m)	uitlaai	[œitlāi]

transport (m)	vervoer	[fərfur]
compagnie (f) de transport	vervoermaatskappy	[fərfur·mātskappaj]
transporter (vt)	vervoer	[fərfur]

wagon (m) de marchandise	trok	[trok]
citerne (f)	tenk	[tɛnk]
camion (m)	vragmotor	[fraχ·motor]

machine-outil (f)	werktuigmasjien	[verktœiχ·maʃin]
mécanisme (m)	meganisme	[meχanismə]

déchets (m pl)	industriële afval	[industriɛlə affal]
emballage (m)	verpakking	[fərpakkiŋ]
emballer (vt)	verpak	[fərpak]

73. Le contrat. L'accord

contrat (m)	kontrak	[kontrak]
accord (m)	ooreenkoms	[oəreənkoms]
annexe (f)	addendum	[addendum]

signature (f)	handtekening	[hand·tekəniŋ]
signer (vt)	onderteken	[ondərtekən]
cachet (m)	stempel	[stempəl]

objet (m) du contrat	onderwerp van ooreenkoms	[ondərwerp fan oəreənkoms]
clause (f)	klousule	[klæusulə]
côtés (m pl)	partye	[partajə]
adresse (f) légale	wetlike adres	[vetlikə adres]

violer l'accord	die kontrak verbreek	[di kontrak fərbreək]
obligation (f)	verpligting	[fərpliχtiŋ]
responsabilité (f)	verantwoordelikheid	[fərant·voərdelikhæjt]
force (f) majeure	oormag	[oərmaχ]
litige (m)	geskil	[χeskil]
pénalités (f pl)	boete	[butə]

74. L'importation. L'exportation

importation (f)	invoer	[infur]
importateur (m)	invoerder	[infurdər]
importer (vt)	invoer	[infur]
d'importation	invoer-	[infur-]
exportation (f)	uitvoer	[œitfur]
exportateur (m)	uitvoerder	[œitfurdər]
exporter (vt)	uitvoer	[œitfur]
d'exportation (adj)	uitvoer-	[œitfur-]
marchandise (f)	goedere	[χudərə]
lot (m) de marchandises	besending	[besendiŋ]
poids (m)	gewig	[χevəχ]
volume (m)	volume	[folumə]
mètre (m) cube	kubieke meter	[kubikə metər]
producteur (m)	produsent	[produsent]
compagnie (f) de transport	vervoermaatskappy	[ferfur·mātskappaj]
container (m)	houer	[hæʋər]
frontière (f)	grens	[χrɛŋs]
douane (f)	doeane	[duanə]
droit (m) de douane	doeanereg	[duanə·reχ]
douanier (m)	doeanebeampte	[duanə·beamptə]
contrebande (f) (trafic)	smokkel	[smokkəl]
contrebande (f)	smokkelgoed	[smokkəl·χut]

75. La finance

action (f)	aandeel	[āndeəl]
obligation (f)	obligasie	[obliχasi]
lettre (f) de change	promesse	[promɛssə]
bourse (f)	beurs	[bøørs]
cours (m) d'actions	aandeelkoers	[āndeəl·kurs]
baisser (vi)	daal	[dāl]
augmenter (vi) (prix)	styg	[stajχ]
part (f)	aandeel	[āndeəl]
participation (f) de contrôle	meerderheidsbelang	[meərderhæjts·belaŋ]
investissements (m pl)	belegging	[beleχχiŋ]
investir (vt)	belê	[belɛ:]
pour-cent (m)	persent	[persent]
intérêts (m pl)	rente	[rentə]
profit (m)	wins	[vins]
profitable (adj)	voordelig	[foərdeləχ]
impôt (m)	belasting	[belastiŋ]
devise (f)	valuta	[faluta]
national (adj)	nasionaal	[naʃionāl]

| échange (m) | wissel | [vissəl] |

| comptable (m) | boekhouer | [bukhæʊər] |
| comptabilité (f) | boekhouding | [bukhæʊdiŋ] |

faillite (f)	bankrotskap	[bankrotskap]
krach (m)	ineenstorting	[ineɛŋstortiŋ]
ruine (f)	bankrotskap	[bankrotskap]
se ruiner (vp)	geruïneer wees	[χeruïneer veəs]
inflation (f)	inflasie	[inflasi]
dévaluation (f)	devaluasie	[defaluasi]

capital (m)	kapitaal	[kapitāl]
revenu (m)	inkomste	[inkomstə]
chiffre (m) d'affaires	omset	[omset]
ressources (f pl)	hulpbronne	[hulpbronnə]
moyens (m pl) financiers	monetêre hulpbronne	[monetærə hulpbronnə]

| frais (m pl) généraux | oorhoofse koste | [oərhoəfsə kostə] |
| réduire (vt) | verminder | [fermindər] |

76. La commercialisation. Le marketing

marketing (m)	bemarking	[bemarkiŋ]
marché (m)	mark	[mark]
segment (m) du marché	marksegment	[mark·seχment]
produit (m)	produk	[produk]
marchandise (f)	goedere	[χudərə]

marque (f) de fabrique	merk	[merk]
marque (f) déposée	handelsmerk	[handəls·merk]
logotype (m)	logo	[loχo]
logo (m)	logo	[loχo]

demande (f)	vraag	[frāχ]
offre (f)	aanbod	[ānbot]
besoin (m)	behoefte	[behuftə]
consommateur (m)	verbruiker	[ferbrœikər]

analyse (f)	analise	[analisə]
analyser (vt)	analiseer	[analiseər]
positionnement (m)	plasing	[plasiŋ]
positionner (vt)	plaas	[plās]

prix (m)	prys	[prajs]
politique (f) des prix	prysbeleid	[prajs·belæjt]
formation (f) des prix	prysvorming	[prajs·formiŋ]

77. La publicité

| publicité (f), pub (f) | reklame | [reklamə] |
| faire de la publicité | adverteer | [adferteər] |

budget (m) | begroting | [beχrotiŋ]
annonce (f), pub (f) | advertensie | [adfertɛŋsi]
publicité (f) à la télévision | TV-advertensie | [te·fe-adfertɛŋsi]
publicité (f) à la radio | radioreklame | [radio·reklamə]
publicité (f) extérieure | buitereklame | [bœitə·reklamə]

mass média (m pl) | massamedia | [massa·media]
périodique (m) | tydskrif | [tajdskrif]
image (f) | imago | [imaχo]

slogan (m) | slagspreuk | [slaχ·sprøək]
devise (f) | motto | [motto]

campagne (f) | veldtog | [fɛldtoχ]
campagne (f) publicitaire | reklameveldtog | [reklamə·fɛldtoχ]
public (m) cible | doelgroep | [dul·χrup]

carte (f) de visite | besigheidskaartjie | [besiχæjts·kārki]
prospectus (m) | strooibiljet | [stroj·biljet]
brochure (f) | brosjure | [broʃurə]
dépliant (m) | pamflet | [pamflet]
bulletin (m) | nuusbrief | [nɪsbrif]

enseigne (f) | reklamebord | [reklamə·bort]
poster (m) | plakkaat | [plakkāt]
panneau-réclame (m) | aanplakbord | [ānplakbort]

78. Les opérations bancaires

banque (f) | bank | [bank]
agence (f) bancaire | tak | [tak]

conseiller (m) | bankklerk | [bank·klerk]
gérant (m) | bestuurder | [bestɪrdər]

compte (m) | bankrekening | [bank·rekəniŋ]
numéro (m) du compte | rekeningnommer | [rekəniŋ·nommər]
compte (m) courant | tjekrekening | [tʃek·rekəniŋ]
compte (m) sur livret | spaarrekening | [spār·rekəniŋ]

clôturer le compte | die rekening sluit | [di rekəniŋ slœit]
retirer du compte | trek | [trek]

dépôt (m) | deposito | [deposito]
virement (m) bancaire | telegrafiese oorplasing | [teleχrafisə oərplasiŋ]
faire un transfert | oorplaas | [oərplās]

somme (f) | som | [som]
Combien? | Hoeveel? | [hufeəl?]

signature (f) | handtekening | [hand·tekəniŋ]
signer (vt) | onderteken | [ondərtekən]
carte (f) de crédit | kredietkaart | [kredit·kārt]
code (m) | kode | [kodə]

numéro (m) de carte de crédit	kredietkaartnommer	[kredit·kărt·nommər]
distributeur (m)	OTM	[o·te·em]
chèque (m)	tjek	[tʃek]
chéquier (m)	tjekboek	[tʃek·buk]
crédit (m)	lening	[leniŋ]
gage (m)	waarborg	[vărborχ]

79. Le téléphone. La conversation téléphonique

téléphone (m)	telefoon	[telefoən]
portable (m)	selfoon	[sɛlfoən]
répondeur (m)	antwoordmasjien	[antwoərt·maʃin]
téléphoner, appeler	bel	[bəl]
appel (m)	oproep	[oprup]
Allô!	Hallo!	[hallo!]
demander (~ l'heure)	vra	[fra]
répondre (vi, vt)	antwoord	[antwoərt]
entendre (bruit, etc.)	hoor	[hoər]
bien (adv)	goed	[χut]
mal (adv)	nie goed nie	[ni χut ni]
bruits (m pl)	steurings	[støəriŋs]
récepteur (m)	gehoorstuk	[χehoərstuk]
décrocher (vt)	optel	[optəl]
raccrocher (vi)	afskakel	[afskakəl]
occupé (adj)	besig	[besəχ]
sonner (vi)	lui	[lœi]
carnet (m) de téléphone	telefoongids	[telefoən·χids]
local (adj)	lokale	[lokalə]
appel (m) local	lokale oproep	[lokalə oprup]
interurbain (adj)	langafstand	[lanχ·afstant]
appel (m) interurbain	langafstand oproep	[lanχ·afstant oprup]
international (adj)	internasionale	[internaʃionalə]
appel (m) international	internasionale oproep	[internaʃionalə oprup]

80. Le téléphone portable

portable (m)	selfoon	[sɛlfoən]
écran (m)	skerm	[skerm]
bouton (m)	knoppie	[knoppi]
carte SIM (f)	SIMkaart	[sim·kărt]
pile (f)	battery	[battəraj]
être déchargé	pap wees	[pap veəs]
chargeur (m)	batterylaaier	[battəraj·lajer]

menu (m)	spyskaart	[spajs·kãrt]
réglages (m pl)	instellings	[instɛlliŋs]
mélodie (f)	wysie	[vajsi]
sélectionner (vt)	kies	[kis]
calculatrice (f)	sakrekenaar	[sakrekənãr]
répondeur (m)	stempos	[stem·pos]
réveil (m)	wekker	[vɛkkər]
contacts (m pl)	kontakte	[kontaktə]
SMS (m)	SMS	[es·em·es]
abonné (m)	intekenaar	[intekənãr]

81. La papeterie

stylo (m) à bille	bolpen	[bol·pen]
stylo (m) à plume	vulpen	[ful·pen]
crayon (m)	potlood	[potloət]
marqueur (m)	merkpen	[merk·pen]
feutre (m)	viltpen	[filt·pen]
bloc-notes (m)	notaboekie	[nota·buki]
agenda (m)	dagboek	[daχ·buk]
règle (f)	liniaal	[liniãl]
calculatrice (f)	sakrekenaar	[sakrekənãr]
gomme (f)	uitveër	[œitfeɛr]
punaise (f)	duimspyker	[dœim·spajkər]
trombone (m)	skuifspeld	[skœif·spɛlt]
colle (f)	gom	[χom]
agrafeuse (f)	krammasjien	[kram·maʃin]
perforateur (m)	ponsmasjien	[poŋs·maʃin]
taille-crayon (m)	skerpmaker	[skerp·makər]

82. Les types d'activités économiques

services (m pl) comptables	boekhoudienste	[bukhæʊ·diŋstə]
publicité (f), pub (f)	reklame	[reklamə]
agence (f) publicitaire	reklameburo	[reklamə·buro]
climatisation (m)	lugversorger	[luχfersorχər]
compagnie (f) aérienne	lugredery	[luχrederaj]
boissons (f pl) alcoolisées	alkoholiese dranke	[alkoholisə drankə]
antiquités (f pl)	antiek	[antik]
galerie (f) d'art	kunsgalery	[kuns·χaleraj]
services (m pl) d'audition	ouditeursdienste	[æʊditœərs·diŋstə]
banques (f pl)	bankwese	[bankwesə]
bar (m)	kroeg	[kruχ]
salon (m) de beauté	skoonheidssalon	[skoənhæjts·salon]

librairie (f)	boekhandel	[buk·handəl]
brasserie (f) (fabrique)	brouery	[bræʊeraj]
centre (m) d'affaires	sakesentrum	[sakə·sentrum]
école (f) de commerce	besigheidsskool	[besiχæjts·skoəl]
casino (m)	kasino	[kasino]
bâtiment (m)	boubedryf	[bæʊbedrajf]
conseil (m)	advieskantoor	[adfis·kantoər]
dentistes (pl)	tandekliniek	[tandə·klinik]
design (m)	ontwerp	[ontwerp]
pharmacie (f)	apteek	[apteek]
pressing (m)	droogskoonmakers	[droeχ·skoən·makers]
agence (f) de recrutement	arbeidsburo	[arbæjds·buro]
service (m) financier	finansiële dienste	[finaŋsiɛlə diŋstə]
produits (m pl) alimentaires	voedingsware	[fudiŋs·warə]
maison (f) funéraire	begrafnisonderneming	[beχrafnis·ondərnemiŋ]
meubles (m pl)	meubels	[møəbɛls]
vêtement (m)	klerasie	[klerasi]
hôtel (m)	hotel	[hotəl]
glace (f)	roomys	[roəm·ajs]
industrie (f)	industrie	[industri]
assurance (f)	versekering	[fersekeriŋ]
Internet (m)	internet	[internet]
investissements (m pl)	investerings	[infesteriŋs]
bijoutier (m)	juwelier	[juvelir]
bijouterie (f)	juweliersware	[juvelirs·warə]
blanchisserie (f)	wassery	[vasseraj]
service (m) juridique	regsadviseur	[reχs·adfisøər]
industrie (f) légère	ligte industrie	[liχtə industri]
revue (f)	tydskrif	[tajdskrif]
vente (f) par catalogue	posorderbedryf	[pos·ordər·bedrajf]
médecine (f)	geneesmiddels	[χenees·middəls]
cinéma (m)	bioskoop	[bioskoəp]
musée (m)	museum	[musøəm]
agence (f) d'information	nuusagentskap	[nɪs·aχentskap]
journal (m)	koerant	[kurant]
boîte (f) de nuit	nagklub	[naχ·klup]
pétrole (m)	olie	[oli]
coursiers (m pl)	koerierdienste	[kurir·diŋstə]
industrie (f) pharmaceutique	farmasie	[farmasi]
imprimerie (f)	drukkery	[drukkəraj]
maison (f) d'édition	uitgewery	[œitχeverajˌ]
radio (f)	radio	[radio]
immobilier (m)	eiendom	[æjendom]
restaurant (m)	restaurant	[restɔurant]
agence (f) de sécurité	sekuriteitsfirma	[sekuritæjts·firma]
sport (m)	sport	[sport]

bourse (f)	beurs	[bøərs]
magasin (m)	winkel	[vinkəl]
supermarché (m)	supermark	[supermark]
piscine (f)	swembad	[swem·bat]
atelier (m) de couture	kleremaker	[klere·maker]
télévision (f)	televisie	[telefisi]
théâtre (m)	teater	[teater]
commerce (m)	handel	[handəl]
sociétés de transport	vervoer	[ferfur]
tourisme (m)	reisbedryf	[ræjs·bedrajf]
vétérinaire (m)	veearts	[fee·arts]
entrepôt (m)	pakhuis	[pak·hœis]
récupération (f) des déchets	afvalinsameling	[affal·insameliŋ]

Le travail. Les affaires. Partie 2

83. Les foires et les salons

salon (m)	skou	[skæʊ]
salon (m) commercial	handelsskou	[handəls·skæʊ]
participation (f)	deelneming	[deəlnemiŋ]
participer à ...	deelneem	[deəlneəm]
participant (m)	deelnemer	[deəlnemər]
directeur (m)	bestuurder	[bestɪrdər]
direction (f)	organisasiekantoor	[orχanisasi·kantoər]
organisateur (m)	organiseerder	[orχaniseərdər]
organiser (vt)	organiseer	[orχaniseər]
demande (f) de participation	deelnemingsvorm	[deəlnemiŋs·form]
remplir (vt)	invul	[inful]
détails (m pl)	besonderhede	[besondərhedə]
information (f)	informasie	[informasi]
prix (m)	prys	[prajs]
y compris	insluitend	[inslœitent]
inclure (~ les taxes)	insluit	[inslœit]
payer (régler)	betaal	[betãl]
droits (m pl) d'inscription	registrasiefooi	[reχistrasi·foj]
entrée (f)	ingang	[inχaŋ]
pavillon (m)	paviljoen	[pafiljun]
enregistrer (vt)	registreer	[reχistreər]
badge (m)	lapelkaart	[lapəl·kãrt]
stand (m)	stalletjie	[stalləki]
réserver (vt)	bespreek	[bespreək]
vitrine (f)	uistalkas	[œistalkas]
lampe (f)	kollig	[kolləχ]
design (m)	ontwerp	[ontwerp]
mettre (placer)	sit	[sit]
être placé	geplaas wees	[χeplãs veəs]
distributeur (m)	verdeler	[ferdelər]
fournisseur (m)	verskaffer	[ferskaffər]
fournir (vt)	verskaf	[ferskaf]
pays (m)	land	[lant]
étranger (adj)	buitelands	[bœitəlands]
produit (m)	produk	[produk]
association (f)	vereniging	[ferenəχiŋ]
salle (f) de conférences	konferensiesaal	[konferɛnsi·sãl]

| congrès (m) | kongres | [kɔnxres] |
| concours (m) | wedstryd | [vedstrajt] |

visiteur (m)	besoeker	[besukər]
visiter (vt)	besoek	[besuk]
client (m)	kliént	[kliɛnt]

84. La recherche scientifique et les chercheurs

science (f)	wetenskap	[vetɛŋskap]
scientifique (adj)	wetenskaplik	[vetɛŋskaplik]
savant (m)	wetenskaplike	[vetɛŋskaplikə]
théorie (f)	teorie	[teori]

axiome (m)	aksioma	[aksioma]
analyse (f)	analise	[analisə]
analyser (vt)	analiseer	[analiseər]
argument (m)	argument	[arxument]
substance (f) (matière)	substansie	[substaŋsi]

hypothèse (f)	hipotese	[hipotesə]
dilemme (m)	dilemma	[dilɛmma]
thèse (f)	proefskrif	[prufskrif]
dogme (m)	dogma	[doxma]

doctrine (f)	doktrine	[doktrinə]
recherche (f)	navorsing	[naforsiŋ]
rechercher (vt)	navors	[nafors]
test (m)	toetse	[tutsə]
laboratoire (m)	laboratorium	[laboratorium]

méthode (f)	metode	[metodə]
molécule (f)	molekule	[molekulə]
monitoring (m)	monitering	[moniteriŋ]
découverte (f)	ontdekking	[ontdɛkkiŋ]

postulat (m)	postulaat	[postulãt]
principe (m)	beginsel	[bexinsəl]
prévision (f)	voorspelling	[foərspɛlliŋ]
prévoir (vt)	voorspel	[foərspəl]

synthèse (f)	sintese	[sintesə]
tendance (f)	tendens	[tendɛŋs]
théorème (m)	stelling	[stɛlliŋ]

enseignements (m pl)	leer	[leər]
fait (m)	feit	[fæjt]
expédition (f)	ekspedisie	[ɛkspedisi]
expérience (f)	eksperiment	[ɛksperiment]

académicien (m)	akademikus	[akademikus]
bachelier (m)	baccalaureus	[bakalourøəs]
docteur (m)	doktor	[doktor]
chargé (m) de cours	medeprofessor	[medə-profɛssor]

| magistère (m) | **Magister** | [maχistər] |
| professeur (m) | **professor** | [profɛssor] |

Les professions. Les métiers

85. La recherche d'emploi. Le licenciement

travail (m)	baantjie	[bānki]
employés (pl)	personeel	[personeəl]
personnel (m)	personeel	[personeəl]
carrière (f)	loopbaan	[loəpbān]
perspective (f)	vooruitsigte	[foərœit·siχtə]
maîtrise (f)	meesterskap	[meəsterskap]
sélection (f)	seleksie	[seleksi]
agence (f) de recrutement	arbeidsburo	[arbæjds·buro]
C.V. (m)	curriculum vitae	[kurrikulum fitaə]
entretien (m)	werksonderhoud	[werk·ondərhæʊt]
emploi (m) vacant	vakature	[fakaturə]
salaire (m)	salaris	[salaris]
salaire (m) fixe	vaste salaris	[fastə salaris]
rémunération (f)	loon	[loən]
poste (m) (~ évolutif)	posisie	[posisi]
fonction (f)	taak	[tāk]
liste (f) des fonctions	reeks opdragte	[reəks opdraχtə]
occupé (adj)	besig	[besəχ]
licencier (vt)	afdank	[afdank]
licenciement (m)	afdanking	[afdankiŋ]
chômage (m)	werkloosheid	[verkloəshæjt]
chômeur (m)	werkloos	[verkloəs]
retraite (f)	pensioen	[pɛnsiun]
prendre sa retraite	met pensioen gaan	[met pɛnsiun χān]

86. Les hommes d'affaires

directeur (m)	direkteur	[direktøər]
gérant (m)	bestuurder	[bestɪrdər]
patron (m)	baas	[bās]
supérieur (m)	hoof	[hoəf]
supérieurs (m pl)	hoofde	[hoəfdə]
président (m)	direkteur	[direktøər]
président (m) (d'entreprise)	voorsitter	[foərsittər]
adjoint (m)	adjunk	[adjunk]
assistant (m)	assistent	[assistent]

secrétaire (m, f)	sekretaris	[sekretaris]
secrétaire (m, f) personnel	persoonlike assistent	[persoenlikə assistent]
homme (m) d'affaires	sakeman	[sakəman]
entrepreneur (m)	entrepreneur	[ɛntrəprenøər]
fondateur (m)	stigter	[stiχtər]
fonder (vt)	stig	[stiχ]
fondateur (m)	stigter	[stiχtər]
partenaire (m)	vennoot	[fɛnnoət]
actionnaire (m)	aandeelhouer	[āndeəl·hæʊər]
millionnaire (m)	miljoenêr	[miljunær]
milliardaire (m)	miljardêr	[miljardær]
propriétaire (m)	eienaar	[æjenār]
propriétaire (m) foncier	grondeienaar	[χront·æjenār]
client (m)	kliënt	[kliɛnt]
client (m) régulier	vaste kliënt	[fastə kliɛnt]
acheteur (m)	koper	[kopər]
visiteur (m)	besoeker	[besukər]
professionnel (m)	professioneel	[profɛssioneəl]
expert (m)	kenner	[kɛnnər]
spécialiste (m)	spesialis	[spesialis]
banquier (m)	bankier	[bankir]
courtier (m)	makelaar	[makəlār]
caissier (m)	kassier	[kassir]
comptable (m)	boekhouer	[bukhæʊər]
agent (m) de sécurité	veiligheidswag	[fæjliχæjts·waχ]
investisseur (m)	belegger	[beleχər]
débiteur (m)	skuldenaar	[skuldenār]
créancier (m)	krediteur	[kreditøər]
emprunteur (m)	lener	[lenər]
importateur (m)	invoerder	[infurdər]
exportateur (m)	uitvoerder	[œitfurdər]
producteur (m)	produsent	[produsent]
distributeur (m)	verdeler	[ferdelər]
intermédiaire (m)	tussenpersoon	[tussən·persoən]
conseiller (m)	raadgewer	[rāt·χevər]
représentant (m)	verkoopsagent	[ferkoəps·aχent]
agent (m)	agent	[aχent]
agent (m) d'assurances	versekeringsagent	[fersəkeriŋs·aχent]

87. Les métiers des services

cuisinier (m)	kok	[kok]
cuisinier (m) en chef	sjef	[ʃef]

boulanger (m)	bakker	[bakkər]
barman (m)	kroegman	[kruxman]
serveur (m)	kelner	[kɛlnər]
serveuse (f)	kelnerin	[kɛlnərin]

avocat (m)	advokaat	[adfokãt]
juriste (m)	prokureur	[prokurøər]
notaire (m)	notaris	[notaris]

électricien (m)	elektrisiën	[ɛlektrisiɛn]
plombier (m)	loodgieter	[loədxitər]
charpentier (m)	timmerman	[timmerman]

masseur (m)	masseerder	[masseerdər]
masseuse (f)	masseerster	[masseerstər]
médecin (m)	dokter	[doktər]

chauffeur (m) de taxi	taxibestuurder	[taksi·bestɪrdər]
chauffeur (m)	bestuurder	[bestɪrdər]
livreur (m)	koerier	[kurir]

femme (f) de chambre	kamermeisie	[kamər·mæjsi]
agent (m) de sécurité	veiligheidswag	[fæjlixæjts·wax]
hôtesse (f) de l'air	lugwaardin	[lux·wãrdin]

professeur (m)	onderwyser	[ondərwajsər]
bibliothécaire (m)	bibliotekaris	[bibliotekaris]
traducteur (m)	vertaler	[fertalər]
interprète (m)	tolk	[tolk]
guide (m)	gids	[xids]

coiffeur (m)	haarkapper	[hãr·kappər]
facteur (m)	posbode	[pos·bodə]
vendeur (m)	verkoper	[ferkopər]

jardinier (m)	tuinman	[tœin·man]
serviteur (m)	bediende	[bedində]
servante (f)	bediende	[bedində]
femme (f) de ménage	skoonmaakster	[skoən·mãkstər]

88. Les professions militaires et leurs grades

soldat (m) (grade)	soldaat	[soldãt]
sergent (m)	sersant	[sersant]
lieutenant (m)	luitenant	[lœitənant]
capitaine (m)	kaptein	[kaptæjn]

commandant (m)	majoor	[majoər]
colonel (m)	kolonel	[kolonəl]
général (m)	generaal	[xenerãl]
maréchal (m)	maarskalk	[mãrskalk]
amiral (m)	admiraal	[admirãl]
militaire (m)	leër	[leɛr]
soldat (m)	soldaat	[soldãt]

| officier (m) | offisier | [offisir] |
| commandant (m) | kommandant | [kommandant] |

garde-frontière (m)	grenswag	[xrɛŋsˑwax]
opérateur (m) radio	radio-operateur	[radio-operatøər]
éclaireur (m)	verkenner	[fɛrkɛnnər]
démineur (m)	sappeur	[sappøər]
tireur (m)	skutter	[skuttər]
navigateur (m)	navigator	[nafixator]

89. Les fonctionnaires. Les prêtres

| roi (m) | koning | [koniŋ] |
| reine (f) | koningin | [koniŋin] |

| prince (m) | prins | [prins] |
| princesse (f) | prinses | [prinsəs] |

| tsar (m) | tsaar | [tsãr] |
| tsarine (f) | tsarina | [tsarina] |

président (m)	president	[president]
ministre (m)	minister	[ministər]
premier ministre (m)	eerste minister	[eərstə ministər]
sénateur (m)	senator	[senator]

diplomate (m)	diplomaat	[diplomãt]
consul (m)	konsul	[kɔŋsul]
ambassadeur (m)	ambassadeur	[ambassadøər]
conseiller (m)	adviseur	[adfisøər]

fonctionnaire (m)	amptenaar	[amptənar]
préfet (m)	prefek	[prefek]
maire (m)	burgermeester	[burgərˑmeəstər]

| juge (m) | regter | [rextər] |
| procureur (m) | aanklaer | [ãnklaər] |

missionnaire (m)	sendeling	[sendəliŋ]
moine (m)	monnik	[monnik]
abbé (m)	ab	[ap]
rabbin (m)	rabbi	[rabbi]

vizir (m)	visier	[fisir]
shah (m)	sjah	[ʃah]
cheik (m)	sjeik	[ʃæjk]

90. Les professions agricoles

apiculteur (m)	byeboer	[bajebur]
berger (m)	herder	[herdər]
agronome (m)	landboukundige	[landbæʊˑkundixə]

T&P Books. Vocabulaire Français-Afrikaans pour l'autoformation. 5000 mots

| éleveur (m) | veeteler | [feə·telər] |
| vétérinaire (m) | veearts | [feə·arts] |

fermier (m)	boer	[bur]
vinificateur (m)	wynmaker	[vajn·makər]
zoologiste (m)	dierkundige	[dir·kundiχə]
cow-boy (m)	cowboy	[kovboj]

91. Les professions artistiques

| acteur (m) | akteur | [aktøər] |
| actrice (f) | aktrise | [aktrisə] |

| chanteur (m) | sanger | [saŋər] |
| cantatrice (f) | sangeres | [saŋəres] |

| danseur (m) | danser | [daŋsər] |
| danseuse (f) | danseres | [daŋseres] |

| artiste (m) | verhoogkunstenaar | [fərhoəχ·kunstənār] |
| artiste (f) | verhoogkunstenares | [fərhoəχ·kunstənares] |

musicien (m)	musikant	[musikant]
pianiste (m)	pianis	[pianis]
guitariste (m)	kitaarspeler	[kitār·spelər]

chef (m) d'orchestre	dirigent	[diriχent]
compositeur (m)	komponis	[komponis]
imprésario (m)	impresario	[impresario]

metteur (m) en scène	filmregisseur	[film·reχissøər]
producteur (m)	produsent	[produsent]
scénariste (m)	draaiboekskrywer	[drājbuk·skrajvər]
critique (m)	kritikus	[kritikus]

écrivain (m)	skrywer	[skrajvər]
poète (m)	digter	[diχtər]
sculpteur (m)	beeldhouer	[beəldhæʊər]
peintre (m)	kunstenaar	[kunstənār]

jongleur (m)	jongleur	[jonχløər]
clown (m)	hanswors	[haŋswors]
acrobate (m)	akrobaat	[akrobāt]
magicien (m)	goëlaar	[χoɛlār]

92. Les différents métiers

médecin (m)	dokter	[doktər]
infirmière (f)	verpleegster	[fərpleəχ·stər]
psychiatre (m)	psigiater	[psiχiatər]
stomatologue (m)	tandarts	[tand·arts]
chirurgien (m)	chirurg	[ʃirurχ]

83

Français	Afrikaans	Prononciation
astronaute (m)	astronout	[astronæʊt]
astronome (m)	astronoom	[astronoəm]
pilote (m)	piloot	[piloət]
chauffeur (m)	bestuurder	[bestɪrdər]
conducteur (m) de train	treindrywer	[træjn·drajvər]
mécanicien (m)	werktuigkundige	[verktœiχ·kundiχə]
mineur (m)	mynwerker	[majn·werkər]
ouvrier (m)	werker	[verkər]
serrurier (m)	slotmaker	[slot·makər]
menuisier (m)	skrynwerker	[skrajn·werkər]
tourneur (m)	draaibankwerker	[drājbank·werkər]
ouvrier (m) du bâtiment	bouwerker	[bæʊ·verkər]
soudeur (m)	sweiser	[swæjsər]
professeur (m) (titre)	professor	[profɛssor]
architecte (m)	argitek	[arχitek]
historien (m)	historikus	[historikus]
savant (m)	wetenskaplike	[vetɛŋskaplikə]
physicien (m)	fisikus	[fisikus]
chimiste (m)	skeikundige	[skæjkundiχə]
archéologue (m)	argeoloog	[arχeoloəχ]
géologue (m)	geoloog	[χeoloəχ]
chercheur (m)	navorser	[naforsər]
baby-sitter (m, f)	babasitter	[babasittər]
pédagogue (m, f)	onderwyser	[ondərwajsər]
rédacteur (m)	redakteur	[redaktøər]
rédacteur (m) en chef	hoofredakteur	[hoəf·redaktøər]
correspondant (m)	korrespondent	[korrespondɛnt]
dactylographe (f)	tikster	[tikstər]
designer (m)	ontwerper	[ontwerpər]
informaticien (m)	rekenaarkenner	[rekənār·kɛnnər]
programmeur (m)	programmeur	[proχrammøər]
ingénieur (m)	ingenieur	[inχeniøər]
marin (m)	matroos	[matroəs]
matelot (m)	seeman	[seəman]
secouriste (m)	redder	[rɛddər]
pompier (m)	brandweerman	[brantveər·man]
policier (m)	polisieman	[polisi·man]
veilleur (m) de nuit	bewaker	[bevakər]
détective (m)	speurder	[spøərdər]
douanier (m)	doeanebeampte	[duanə·beamptə]
garde (m) du corps	lyfwag	[lajf·waχ]
gardien (m) de prison	tronkbewaarder	[tronk·bevārdər]
inspecteur (m)	inspekteur	[inspektøər]
sportif (m)	sportman	[sportman]
entraîneur (m)	breier	[bræjer]

boucher (m)	slagter	[slaxtər]
cordonnier (m)	skoenmaker	[skun·makər]
commerçant (m)	handelaar	[handəlār]
chargeur (m)	laaier	[lājer]
couturier (m)	modeontwerper	[modə·ontwerpər]
modèle (f)	model	[modəl]

93. Les occupations. Le statut social

écolier (m)	skoolseun	[skoəl·søən]
étudiant (m)	student	[student]
philosophe (m)	filosoof	[filosoəf]
économiste (m)	ekonoom	[ɛkonoəm]
inventeur (m)	uitvinder	[œitfindər]
chômeur (m)	werkloos	[verkloəs]
retraité (m)	pensioentrekker	[pɛnsiun·trɛkkər]
espion (m)	spioen	[spiun]
prisonnier (m)	gevangene	[χefaŋənə]
gréviste (m)	staker	[stakər]
bureaucrate (m)	burokraat	[burokrāt]
voyageur (m)	reisiger	[ræjsiχər]
homosexuel (m)	gay	[χaaj]
hacker (m)	kuberkraker	[kubər·krakər]
hippie (m, f)	hippie	[hippi]
bandit (m)	bandiet	[bandit]
tueur (m) à gages	huurmoordenaar	[hɪr·moərdenār]
drogué (m)	dwelmslaaf	[dwɛlm·slāf]
trafiquant (m) de drogue	dwelmhandelaar	[dwɛlm·handəlār]
prostituée (f)	prostituut	[prostitɪt]
souteneur (m)	pooier	[pojer]
sorcier (m)	towenaar	[tovenār]
sorcière (f)	heks	[heks]
pirate (m)	piraat, seerower	[pirāt], [seə·rovər]
esclave (m)	slaaf	[slāf]
samouraï (m)	samoerai	[samuraj]
sauvage (m)	wilde	[vildə]

L'êducation

94. L'êducation

école (f)	skool	[skoəl]
directeur (m) d'école	prinsipaal	[prinsipāl]
élève (m)	leerder	[leərdər]
élève (f)	leerder	[leərdər]
écolier (m)	skoolseun	[skoəl·søən]
écolière (f)	skooldogter	[skoəl·doχtər]
enseigner (vt)	leer	[leər]
apprendre (~ l'arabe)	leer	[leər]
apprendre par cœur	van buite leer	[fan bœitə leər]
apprendre (à faire qch)	leer	[leər]
être étudiant, -e	op skool wees	[op skoəl veəs]
aller à l'école	skooltoe gaan	[skoəltu χān]
alphabet (m)	alfabet	[alfabet]
matière (f)	vak	[fak]
salle (f) de classe	klaskamer	[klas·kamər]
leçon (f)	les	[les]
récréation (f)	pouse	[pæusə]
sonnerie (f)	skoolbel	[skoəl·bel]
pupitre (m)	skoolbank	[skoəl·bank]
tableau (m) noir	bord	[bort]
note (f)	simbool	[simboəl]
bonne note (f)	goeie punt	[χuje punt]
mauvaise note (f)	slegte punt	[sleχtə punt]
faute (f)	fout	[fæut]
faire des fautes	foute maak	[fæutə māk]
corriger (une erreur)	korrigeer	[korriχeər]
antisèche (f)	afskryfbriefie	[afskrajf·brifi]
devoir (m)	huiswerk	[hœis·werk]
exercice (m)	oefening	[ufeniŋ]
être présent	aanwesig wees	[ānwesəχ veəs]
être absent	afwesig wees	[afwesəχ veəs]
manquer l'école	stokkies draai	[stokkis drāj]
punir (vt)	straf	[straf]
punition (f)	straf	[straf]
conduite (f)	gedrag	[χedraχ]

carnet (m) de notes	rapport	[rapport]
crayon (m)	potlood	[potloət]
gomme (f)	uitveër	[œitfeɛr]
craie (f)	kryt	[krajt]
plumier (m)	potloodsakkie	[potloət·sakki]
cartable (m)	boekesak	[bukə·sak]
stylo (m)	pen	[pen]
cahier (m)	skryfboek	[skrajf·buk]
manuel (m)	handboek	[hand·buk]
compas (m)	passer	[passər]
dessiner (~ un plan)	tegniese tekeninge maak	[teχnisə tekənikə māk]
dessin (m) technique	tegniese tekening	[teχnisə tekəniŋ]
poésie (f)	gedig	[χedəχ]
par cœur (adv)	van buite	[fan bœitə]
apprendre par cœur	van buite leer	[fan bœitə leər]
vacances (f pl)	skoolvakansie	[skoəl·fakaŋsi]
être en vacances	met vakansie wees	[met fakaŋsi veəs]
passer les vacances	jou vakansie deurbring	[jæʊ fakaŋsi døərbriŋ]
interrogation (f) écrite	toets	[tuts]
composition (f)	opstel	[opstəl]
dictée (f)	diktee	[dikteə]
examen (m)	eksamen	[ɛksamen]
expérience (f) (~ de chimie)	eksperiment	[ɛksperiment]

95. L'enseignement supérieur

académie (f)	akademie	[akademi]
université (f)	universiteit	[unifersitæjt]
faculté (f)	fakulteit	[fakultæjt]
étudiant (m)	student	[student]
étudiante (f)	student	[student]
enseignant (m)	lektor	[lektor]
salle (f)	lesingsaal	[lesiŋ·sāl]
licencié (m)	gegradueerde	[χeχradueərdə]
diplôme (m)	sertifikaat	[sertifikāt]
thèse (f)	proefskrif	[prufskrif]
étude (f)	navorsing	[naforsiŋ]
laboratoire (m)	laboratorium	[laboratorium]
cours (m)	lesing	[lesiŋ]
camarade (m) de cours	medestudent	[medə·student]
bourse (f)	beurs	[bøərs]
grade (m) universitaire	akademiese graad	[akademisə χrāt]

96. Les disciplines scientifiques

mathématiques (f pl)	wiskunde	[viskundə]
algèbre (f)	algebra	[alχebra]
géométrie (f)	meetkunde	[meetkundə]
astronomie (f)	astronomie	[astronomi]
biologie (f)	biologie	[bioloχi]
géographie (f)	geografie	[χeoχrafi]
géologie (f)	geologie	[χeoloχi]
histoire (f)	geskiedenis	[χeskidenis]
médecine (f)	geneeskunde	[χenees·kundə]
pédagogie (f)	pedagogie	[pedaχoχi]
droit (m)	regte	[reχtə]
physique (f)	fisika	[fisika]
chimie (f)	chemie	[χemi]
philosophie (f)	filosofie	[filosofi]
psychologie (f)	sielkunde	[silkundə]

97. Le systéme d'êcriture et l'orthographe

grammaire (f)	grammatika	[χrammatika]
vocabulaire (m)	woordeskat	[voərdeskat]
phonétique (f)	fonetika	[fonetika]
nom (m)	selfstandige naamwoord	[sɛlfstandiχə nãmwoərt]
adjectif (m)	byvoeglike naamwoord	[bajfuχlikə nãmvoərt]
verbe (m)	werkwoord	[verk·woərt]
adverbe (m)	bijwoord	[bij·woərt]
pronom (m)	voornaamwoord	[foərnãm·voərt]
interjection (f)	tussenwerpsel	[tussən·werpsəl]
préposition (f)	voorsetsel	[foərsetsəl]
racine (f)	stam	[stam]
terminaison (f)	agtervoegsel	[aχtər·fuχsəl]
préfixe (m)	voorvoegsel	[foər·fuχsəl]
syllabe (f)	lettergreep	[lɛttər·χreəp]
suffixe (m)	agtervoegsel, suffiks	[aχtər·fuχsəl], [suffiks]
accent (m) tonique	klemteken	[klem·tekən]
apostrophe (f)	afkappingsteken	[afkappiŋs·tekən]
point (m)	punt	[punt]
virgule (f)	komma	[komma]
point (m) virgule	kommapunt	[komma·punt]
deux-points (m)	dubbelpunt	[dubbəl·punt]
points (m pl) de suspension	beletselteken	[beletsəl·tekən]
point (m) d'interrogation	vraagteken	[frãχ·tekən]
point (m) d'exclamation	uitroepteken	[œitrup·tekən]

T&P Books. Vocabulaire Français-Afrikaans pour l'autoformation. 5000 mots

guillemets (m pl)	aanhalingstekens	[ānhaliŋs·tekəns]
entre guillemets	tussen aanhalingstekens	[tussən ānhaliŋs·tekəns]
parenthèses (f pl)	hakies	[hakis]
entre parenthèses	tussen hakies	[tussən hakis]
trait (m) d'union	koppelteken	[koppəl·tekən]
tiret (m)	strepie	[strepi]
blanc (m)	spasie	[spasi]
lettre (f)	letter	[lɛttər]
majuscule (f)	hoofletter	[hoəf·lɛttər]
voyelle (f)	klinker	[klinkər]
consonne (f)	konsonant	[kɔŋsonant]
proposition (f)	sin	[sin]
sujet (m)	onderwerp	[ondərwerp]
prédicat (m)	predikaat	[predikāt]
ligne (f)	reël	[reɛl]
paragraphe (m)	paragraaf	[paraχrāf]
mot (m)	woord	[voərt]
groupe (m) de mots	woordgroep	[voərt·χrup]
expression (f)	uitdrukking	[œitdrukkiŋ]
synonyme (m)	sinoniem	[sinonim]
antonyme (m)	antoniem	[antonim]
règle (f)	reël	[reɛl]
exception (f)	uitsondering	[œitsondəriŋ]
correct (adj)	korrek	[korrek]
conjugaison (f)	vervoeging	[fərfuχiŋ]
déclinaison (f)	verbuiging	[fərbœəχiŋ]
cas (m)	naamval	[nāmfal]
question (f)	vraag	[frāχ]
souligner (vt)	onderstreep	[ondərstreəp]
pointillé (m)	stippellyn	[stippəl·lajn]

98. Les langues étrangéres

langue (f)	taal	[tāl]
étranger (adj)	vreemd	[freəmt]
langue (f) étrangère	vreemde taal	[freəmdə tāl]
étudier (vt)	studeer	[studeər]
apprendre (~ l'arabe)	leer	[leər]
lire (vi, vt)	lees	[leəs]
parler (vi, vt)	praat	[prāt]
comprendre (vt)	verstaan	[ferstān]
écrire (vt)	skryf	[skrajf]
vite (adv)	vinnig	[finnəχ]
lentement (adv)	stadig	[stadəχ]

couramment (adv)	vlot	[flot]
règles (f pl)	reëls	[reɛls]
grammaire (f)	grammatika	[χrammatika]
vocabulaire (m)	woordeskat	[voərdeskat]
phonétique (f)	fonetika	[fonetika]
manuel (m)	handboek	[hand·buk]
dictionnaire (m)	woordeboek	[voərdə·buk]
manuel (m) autodidacte	selfstudie boek	[sɛlfstudi buk]
guide (m) de conversation	taalgids	[tāl·χids]
cassette (f)	kasset	[kasset]
cassette (f) vidéo	videoband	[video·bant]
CD (m)	CD	[se·de]
DVD (m)	DVD	[de·fe·de]
alphabet (m)	alfabet	[alfabet]
épeler (vt)	spel	[spel]
prononciation (f)	uitspraak	[œitsprāk]
accent (m)	aksent	[aksent]
mot (m)	woord	[voərt]
sens (m)	betekenis	[betekənis]
cours (m pl)	kursus	[kursus]
s'inscrire (vp)	inskryf	[inskrajf]
professeur (m) (~ d'anglais)	onderwyser	[ondərwajsər]
traduction (f) (action)	vertaling	[fertaliŋ]
traduction (f) (texte)	vertaling	[fertaliŋ]
traducteur (m)	vertaler	[fertalər]
interprète (m)	tolk	[tolk]
polyglotte (m)	poliglot	[poliχlot]
mémoire (f)	geheue	[χəhøə]

Les loisirs. Les voyages

99. Les voyages. Les excursions

tourisme (m)	toerisme	[turismə]
touriste (m)	toeris	[turis]
voyage (m) (à l'étranger)	reis	[ræjs]
aventure (f)	avontuur	[afontɪr]
voyage (m)	reis	[ræjs]
vacances (f pl)	vakansie	[fakaŋsi]
être en vacances	met vakansie wees	[met fakaŋsi veəs]
repos (m) (jours de ~)	rus	[rus]
train (m)	trein	[træjn]
en train	per trein	[pər træjn]
avion (m)	vliegtuig	[flixtœix]
en avion	per vliegtuig	[pər flixtœix]
en voiture	per motor	[pər motor]
en bateau	per skip	[pər skip]
bagage (m)	bagasie	[baxasi]
malle (f)	tas	[tas]
chariot (m)	bagasiekarretjie	[baxasi·karrəki]
passeport (m)	paspoort	[paspoərt]
visa (m)	visum	[fisum]
ticket (m)	kaartjie	[kãrki]
billet (m) d'avion	lugkaartjie	[lux·kãrki]
guide (m) (livre)	reisgids	[ræjsxids]
carte (f)	kaart	[kãrt]
région (f) (~ rurale)	gebied	[xebit]
endroit (m)	plek	[plek]
exotisme (m)	eksotiese dinge	[ɛksotisə diŋə]
exotique (adj)	eksoties	[ɛksotis]
étonnant (adj)	verbasend	[ferbasent]
groupe (m)	groep	[xrup]
excursion (f)	uitstappie	[œitstappi]
guide (m) (personne)	gids	[xids]

100. L'hôtel

hôtel (m)	hotel	[hotəl]
motel (m)	motel	[motəl]
3 étoiles	drie-ster	[dri-stər]

5 étoiles	vyf-ster	[fajf-stər]
descendre (à l'hôtel)	oornag	[oərnaχ]
chambre (f)	kamer	[kamər]
chambre (f) simple	enkelkamer	[ɛnkəl·kamər]
chambre (f) double	dubbelkamer	[dubbəl·kamər]
demi-pension (f)	met aandete, bed en ontbyt	[met āndetə], [bet en ontbajt]
pension (f) complète	volle losies	[follə losis]
avec une salle de bain	met bad	[met bat]
avec une douche	met stortbad	[met stort·bat]
télévision (f) par satellite	satelliet-TV	[satɛllit-te·fe]
climatiseur (m)	lugversorger	[luχfersorχər]
serviette (f)	handdoek	[handduk]
clé (f)	sleutel	[sløetəl]
administrateur (m)	bestuurder	[bestɪrdər]
femme (f) de chambre	kamermeisie	[kamər·mæjsi]
porteur (m)	hoteljoggie	[hotəl·joχi]
portier (m)	portier	[portir]
restaurant (m)	restaurant	[restourant]
bar (m)	kroeg	[kruχ]
petit déjeuner (m)	ontbyt	[ontbajt]
dîner (m)	aandete	[āndetə]
buffet (m)	buffetete	[buffetetə]
hall (m)	voorportaal	[foər·portāl]
ascenseur (m)	hysbak	[hajsbak]
PRIÈRE DE NE PAS DÉRANGER	MOENIE STEUR NIE	[muni støer ni]
DÉFENSE DE FUMER	ROOK VERBODE	[roek ferbodə]

LE MATÉRIEL TECHNIQUE. LES TRANSPORTS

Le matériel technique

101. L'informatique

ordinateur (m)	rekenaar	[rekənār]
PC (m) portable	skootrekenaar	[skoet·rekənār]
allumer (vt)	aanskakel	[āŋskakəl]
éteindre (vt)	afskakel	[afskakəl]
clavier (m)	toetsbord	[tuts·bort]
touche (f)	toets	[tuts]
souris (f)	muis	[mœis]
tapis (m) de souris	muismatjie	[mœis·maki]
bouton (m)	knop	[knop]
curseur (m)	loper	[lopər]
moniteur (m)	monitor	[monitor]
écran (m)	skerm	[skerm]
disque (m) dur	harde skyf	[hardə skajf]
capacité (f) du disque dur	harde skyf se vermoë	[hardə skajf sə fermoɛ]
mémoire (f)	geheue	[χəhøə]
mémoire (f) vive	RAM-geheue	[ram-χehøəə]
fichier (m)	lêer	[lɛər]
dossier (m)	gids	[χids]
ouvrir (vt)	oopmaak	[oəpmāk]
fermer (vt)	sluit	[slœit]
sauvegarder (vt)	bewaar	[bevār]
supprimer (vt)	uitvee	[œitfeə]
copier (vt)	kopieer	[kopir]
trier (vt)	sorteer	[sorteər]
copier (vt)	oorplaas	[oərplās]
programme (m)	program	[proχram]
logiciel (m)	sagteware	[saχtevarə]
programmeur (m)	programmeur	[proχrammøər]
programmer (vt)	programmeer	[proχrammeər]
hacker (m)	kuberkraker	[kubər·krakər]
mot (m) de passe	wagwoord	[vaχ·woərt]
virus (m)	virus	[firus]
découvrir (détecter)	opspoor	[opspoər]
bit (m)	greep	[χreəp]

mégabit (m)	megagreep	[meχaχreəp]
données (f pl)	data	[data]
base (f) de données	databasis	[data·basis]

câble (m)	kabel	[kabəl]
déconnecter (vt)	ontkoppel	[ontkoppəl]
connecter (vt)	konnekteer	[konnekteər]

102. L'Internet. Le courrier électronique

Internet (m)	internet	[internet]
navigateur (m)	webblaaier	[veb·blājer]
moteur (m) de recherche	soekenjin	[suk·εnʤin]
fournisseur (m) d'accès	verskaffer	[ferskaffər]

administrateur (m) de site	webmeester	[veb·meəstər]
site (m) web	webwerf	[veb·werf]
page (f) web	webblad	[veb·blat]

| adresse (f) | adres | [adres] |
| carnet (m) d'adresses | adresboek | [adres·buk] |

boîte (f) de réception	posbus	[pos·bus]
courrier (m)	pos	[pos]
pleine (adj)	vol	[fol]

message (m)	boodskap	[boədskap]
messages (pl) entrants	inkomende boodskappe	[inkomendə boədskappə]
messages (pl) sortants	uitgaande boodskappe	[œitχāndə boədskappə]

expéditeur (m)	sender	[sendər]
envoyer (vt)	verstuur	[ferstɪr]
envoi (m)	versending	[fersendiŋ]

| destinataire (m) | ontvanger | [ontfaŋər] |
| recevoir (vt) | ontvang | [ontfaŋ] |

| correspondance (f) | korrespondensie | [korrespondεŋsi] |
| être en correspondance | korrespondeer | [korrespondeər] |

fichier (m)	lêer	[lεər]
télécharger (vt)	aflaai	[aflāi]
créer (vt)	skep	[skep]
supprimer (vt)	uitvee	[œitfeə]
supprimé (adj)	uitgevee	[œitχefeə]

connexion (f) (ADSL, etc.)	konneksie	[konneksi]
vitesse (f)	spoed	[sput]
modem (m)	modem	[modem]
accès (m)	toegang	[tuχaŋ]
port (m)	portaal	[portāl]

| connexion (f) (établir la ~) | aansluiting | [ānslœitiŋ] |
| se connecter à ... | aansluit by ... | [ānslœit baj ...] |

| sélectionner (vt) | kies | [kis] |
| rechercher (vt) | soek | [suk] |

103. L'électricité

électricité (f)	elektrisiteit	[ɛlektrisitæjt]
électrique (adj)	elektries	[ɛlektris]
centrale (f) électrique	kragstasie	[kraχ·stasi]
énergie (f)	krag	[kraχ]
énergie (f) électrique	elektriese krag	[ɛlektrisə kraχ]

ampoule (f)	gloeilamp	[χlui·lamp]
torche (f)	flits	[flits]
réverbère (m)	straatlig	[strãtləχ]

lumière (f)	lig	[liχ]
allumer (vt)	aanskakel	[ãŋskakəl]
éteindre (vt)	afskakel	[afskakəl]
éteindre la lumière	die lig afskakel	[di liχ afskakəl]

être grillé	doodbrand	[doədbrant]
court-circuit (m)	kortsluiting	[kort·slœitiŋ]
rupture (f)	gebreekte kabel	[χebreəktə kabəl]
contact (m)	kontak	[kontak]

interrupteur (m)	ligskakelaar	[liχ·skakelãr]
prise (f)	muurprop	[mɪrprop]
fiche (f)	prop	[prop]
rallonge (f)	verlengkabel	[ferleŋ·kabəl]

fusible (m)	sekering	[sekəriŋ]
fil (m)	kabel	[kabəl]
installation (f) électrique	bedrading	[bedradiŋ]

ampère (m)	ampère	[ampɛ:r]
intensité (f) du courant	stroomsterkte	[stroəm·sterktə]
volt (m)	volt	[folt]
tension (f)	spanning	[spanniŋ]

| appareil (m) électrique | elektriese toestel | [ɛlektrisə tustəl] |
| indicateur (m) | aanduier | [ãndœiər] |

électricien (m)	elektrisiën	[ɛlektrisiɛn]
souder (vt)	soldeer	[soldeər]
fer (m) à souder	soldeerbout	[soldeər·bæʊt]
courant (m)	elektriese stroom	[ɛlektrisə stroəm]

104. Les outils

outil (m)	werktuig	[verktœiχ]
outils (m pl)	gereedskap	[χereədskap]
équipement (m)	toerusting	[turustiŋ]

marteau (m)	hamer	[hamər]
tournevis (m)	skroewedraaier	[skruvə·drãjer]
hache (f)	byl	[bajl]
scie (f)	saag	[sãχ]
scier (vt)	saag	[sãχ]
rabot (m)	skaaf	[skãf]
raboter (vt)	skaaf	[skãf]
fer (m) à souder	soldeerbout	[soldeər·bæʊt]
souder (vt)	soldeer	[soldeər]
lime (f)	vyl	[fajl]
tenailles (f pl)	knyptang	[knajptaŋ]
pince (f) plate	tang	[taŋ]
ciseau (m)	beitel	[bæjtəl]
foret (m)	boor	[boər]
perceuse (f)	elektriese boor	[ɛlektrisə boər]
percer (vt)	boor	[boər]
couteau (m)	mes	[mes]
canif (m)	sakmes	[sakmes]
lame (f)	lem	[lem]
bien affilé (adj)	skerp	[skerp]
émoussé (adj)	stomp	[stomp]
s'émousser (vp)	stomp raak	[stomp rãk]
affiler (vt)	slyp	[slajp]
boulon (m)	bout	[bæʊt]
écrou (m)	moer	[mur]
filetage (m)	draad	[drãt]
vis (f) à bois	houtskroef	[hæʊt·skruf]
clou (m)	spyker	[spajkər]
tête (f) de clou	kop	[kop]
règle (f)	meetlat	[meətlat]
mètre (m) à ruban	meetband	[meət·bant]
niveau (m) à bulle	waterpas	[vatərpas]
loupe (f)	vergrootglas	[ferχroət·χlas]
appareil (m) de mesure	meetinstrument	[meət·instrument]
mesurer (vt)	meet	[meət]
échelle (f) (~ métrique)	skaal	[skãl]
relevé (m)	lesings	[lesiŋs]
compresseur (m)	kompressor	[komprɛssor]
microscope (m)	mikroskoop	[mikroskoəp]
pompe (f)	pomp	[pomp]
robot (m)	robot	[robot]
laser (m)	laser	[lasər]
clé (f) de serrage	moersleutel	[mur·sløətəl]
ruban (m) adhésif	plakband	[plak·bant]

colle (f)	gom	[χom]
papier (m) d'émeri	skuurpapier	[skɪr·papir]
ressort (m)	veer	[feər]
aimant (m)	magneet	[maχneət]
gants (m pl)	handskoene	[handskunə]
corde (f)	tou	[tæʊ]
cordon (m)	tou	[tæʊ]
fil (m) (~ électrique)	draad	[drāt]
câble (m)	kabel	[kabəl]
masse (f)	voorhamer	[foər·hamər]
pic (m)	breekyster	[breekajstər]
escabeau (m)	leer	[leər]
échelle (f) double	trapleer	[trapleər]
visser (vt)	vasskroef	[fasskruf]
dévisser (vt)	losskroef	[losskruf]
serrer (vt)	saampars	[sāmpars]
coller (vt)	vasplak	[fasplak]
couper (vt)	sny	[snaj]
défaut (m)	fout	[fæʊt]
réparation (f)	herstelwerk	[herstəl·werk]
réparer (vt)	herstel	[herstəl]
régler (vt)	stel	[stəl]
vérifier (vt)	nagaan	[naχān]
vérification (f)	kontrole	[kontrolə]
relevé (m)	lesings	[lesiŋs]
fiable (machine ~)	betroubaar	[betræʊbār]
complexe (adj)	ingewikkelde	[inχəwikkɛldə]
rouiller (vi)	roes	[rus]
rouillé (adj)	verroes	[ferrus]
rouille (f)	roes	[rus]

Les transports

105. L'avion

avion (m)	vliegtuig	[flixtœix]
billet (m) d'avion	lugkaartjie	[lux·kārki]
compagnie (f) aérienne	lugredery	[luxrederaj]
aéroport (m)	lughawe	[luxhavə]
supersonique (adj)	supersonies	[supersonis]
commandant (m) de bord	kaptein	[kaptæjn]
équipage (m)	bemanning	[bemanniŋ]
pilote (m)	piloot	[piloət]
hôtesse (f) de l'air	lugwaardin	[lux·wārdin]
navigateur (m)	navigator	[nafixator]
ailes (f pl)	vlerke	[flerkə]
queue (f)	stert	[stert]
cabine (f)	stuurkajuit	[stɪr·kajœit]
moteur (m)	enjin	[ɛndʒin]
train (m) d'atterrissage	landingstel	[landiŋ·stəl]
turbine (f)	turbine	[turbinə]
hélice (f)	skroef	[skruf]
boîte (f) noire	swart boks	[swart boks]
gouvernail (m)	stuurstang	[stɪr·staŋ]
carburant (m)	brandstof	[brantstof]
consigne (f) de sécurité	veiligheidskaart	[fæjlixæjts·kārt]
masque (m) à oxygène	suurstofmasker	[sɪrstof·maskər]
uniforme (m)	uniform	[uniform]
gilet (m) de sauvetage	reddingsbaadjie	[rɛddiŋs·bādʒi]
parachute (m)	valskerm	[fal·skerm]
décollage (m)	opstyging	[opstajxiŋ]
décoller (vi)	opstyg	[opstajx]
piste (f) de décollage	landingsbaan	[landiŋs·bān]
visibilité (f)	uitsig	[œitsəx]
vol (m) (~ d'oiseau)	vlug	[flux]
altitude (f)	hoogte	[hoəxtə]
trou (m) d'air	lugsak	[luxsak]
place (f)	sitplek	[sitplek]
écouteurs (m pl)	koptelefoon	[kop·telefoən]
tablette (f)	voutafeltjie	[fæu·tafɛlki]
hublot (m)	vliegtuigvenster	[flixtœix·fɛŋstər]
couloir (m)	paadjie	[pādʒi]

106. Le train

train (m)	trein	[træjn]
train (m) de banlieue	voorstedelike trein	[fœrstedelikə træjn]
TGV (m)	sneltrein	[snɛl·træjn]
locomotive (f) diesel	diesellokomotief	[disəl·lokomotif]
locomotive (f) à vapeur	stoomlokomotief	[stoəm·lokomotif]
wagon (m)	passasierswa	[passasirs·wa]
wagon-restaurant (m)	eetwa	[eət·wa]
rails (m pl)	spoorstawe	[spoər·stavə]
chemin (m) de fer	spoorweg	[spoər·weχ]
traverse (f)	dwarslëer	[dwarslɛər]
quai (m)	perron	[perron]
voie (f)	spoor	[spoər]
sémaphore (m)	semafoor	[semafoər]
station (f)	stasie	[stasi]
conducteur (m) de train	treindrywer	[træjn·drajvər]
porteur (m)	portier	[portir]
steward (m)	kondukteur	[konduktøər]
passager (m)	passasier	[passasir]
contrôleur (m) de billets	kondukteur	[konduktøər]
couloir (m)	gang	[χaŋ]
frein (m) d'urgence	noodrem	[noədrem]
compartiment (m)	kompartiment	[kompartiment]
couchette (f)	bed	[bet]
couchette (f) d'en haut	boonste bed	[boəŋstə bet]
couchette (f) d'en bas	onderste bed	[ondərstə bet]
linge (m) de lit	beddegoed	[beddə·χut]
ticket (m)	kaartjie	[kãrki]
horaire (m)	diensrooster	[diŋs·roəstər]
tableau (m) d'informations	informasiebord	[informasi·bort]
partir (vi)	vertrek	[fertrek]
départ (m) (du train)	vertrek	[fertrek]
arriver (le train)	aankom	[ãnkom]
arrivée (f)	aankoms	[ãnkoms]
arriver en train	aankom per trein	[ãnkom pər træjn]
prendre le train	in die trein klim	[in di træjn klim]
descendre du train	uit die trein klim	[œit di træjn klim]
accident (m) ferroviaire	treinbotsing	[træjn·botsiŋ]
dérailler (vi)	ontspoor	[ontspoər]
locomotive (f) à vapeur	stoomlokomotief	[stoəm·lokomotif]
chauffeur (m)	stoker	[stokər]
chauffe (f)	stookplek	[stoəkplek]
charbon (m)	steenkool	[steen·koəl]

107. Le bateau

bateau (m)	skip	[skip]
navire (m)	vaartuig	[fārtœix]
bateau (m) à vapeur	stoomboot	[stoəm·boət]
paquebot (m)	rivierboot	[rifir·boət]
bateau (m) de croisière	toerskip	[tur·skip]
croiseur (m)	kruiser	[krœisər]
yacht (m)	jag	[jax]
remorqueur (m)	sleepboot	[sleəp·boət]
péniche (f)	vragskuit	[frax·skœit]
ferry (m)	veerboot	[feər·boət]
voilier (m)	seilskip	[sæjl·skip]
brigantin (m)	skoenerbrik	[skunər·brik]
brise-glace (m)	ysbreker	[ajs·brekər]
sous-marin (m)	duikboot	[dœik·boət]
canot (m) à rames	roeiboot	[ruiboət]
dinghy (m)	bootjie	[boəki]
canot (m) de sauvetage	reddingsboot	[rɛddiŋs·boət]
canot (m) à moteur	motorboot	[motor·boət]
capitaine (m)	kaptein	[kaptæjn]
matelot (m)	seeman	[seəman]
marin (m)	matroos	[matroəs]
équipage (m)	bemanning	[bemanniŋ]
maître (m) d'équipage	bootsman	[boətsman]
mousse (m)	skeepsjonge	[skeəps·joŋə]
cuisinier (m) du bord	kok	[kok]
médecin (m) de bord	skeepsdokter	[skeəps·doktər]
pont (m)	dek	[dek]
mât (m)	mas	[mas]
voile (f)	seil	[sæjl]
cale (f)	skeepsruim	[skeəps·rœim]
proue (f)	boeg	[bux]
poupe (f)	agterstewe	[axtərstevə]
rame (f)	roeispaan	[ruis·pān]
hélice (f)	skroef	[skruf]
cabine (f)	kajuit	[kajœit]
carré (m) des officiers	offisierskajuit	[offisirs·kajœit]
salle (f) des machines	enjinkamer	[ɛndʒin·kamər]
passerelle (f)	brug	[brux]
cabine (f) de T.S.F.	radiokamer	[radio·kamər]
onde (f)	golf	[xolf]
journal (m) de bord	logboek	[loxbuk]
longue-vue (f)	verkyker	[ferkajkər]
cloche (f)	bel	[bɛl]

pavillon (m)	vlag	[flaχ]
grosse corde (f) tressée	kabel	[kabəl]
nœud (m) marin	knoop	[knoəp]

| rampe (f) | dekleuning | [dek·løəniŋ] |
| passerelle (f) | gangplank | [χaŋ·plank] |

ancre (f)	anker	[ankər]
lever l'ancre	anker lig	[ankər ləχ]
jeter l'ancre	anker uitgooi	[ankər œitχoj]
chaîne (f) d'ancrage	ankerketting	[ankər·kɛttiŋ]

port (m)	hawe	[havə]
embarcadère (m)	kaai	[kāi]
accoster (vi)	vasmeer	[fasmeər]
larguer les amarres	vertrek	[fertrek]

voyage (m) (à l'étranger)	reis	[ræjs]
croisière (f)	cruise	[kru:s]
cap (m) (suivre un ~)	koers	[kurs]
itinéraire (m)	roete	[rutə]

chenal (m)	vaarwater	[fār·vatər]
bas-fond (m)	sandbank	[sand·bank]
échouer sur un bas-fond	strand	[strant]

tempête (f)	storm	[storm]
signal (m)	sienjaal	[sinjāl]
sombrer (vi)	sink	[sink]
Un homme à la mer!	Man oorboord!	[man oərboerd!]
SOS (m)	SOS	[sos]
bouée (f) de sauvetage	reddingsboei	[rɛddiŋs·bui]

108. L'aêroport

aéroport (m)	lughawe	[luχhavə]
avion (m)	vliegtuig	[fliχtœiχ]
compagnie (f) aérienne	lugredery	[luχrederaj]
contrôleur (m) aérien	lugverkeersleier	[luχ·ferkeərs·læjer]

départ (m)	vertrek	[fertrek]
arrivée (f)	aankoms	[ānkoms]
arriver (par avion)	aankom	[ānkom]

| temps (m) de départ | vertrektyd | [fertrek·tajt] |
| temps (m) d'arrivée | aankomstyd | [ānkoms·tajt] |

| être retardé | vertraag wees | [fertrāχ veəs] |
| retard (m) de l'avion | vlugvertraging | [fluχ·fertraχiŋ] |

tableau (m) d'informations	informasiebord	[informasi·bort]
information (f)	informasie	[informasi]
annoncer (vt)	aankondig	[ānkondəχ]
vol (m)	vlug	[fluχ]

T&P Books. Vocabulaire Français-Afrikaans pour l'autoformation. 5000 mots

douane (f)	doeane	[duanə]
douanier (m)	doeanebeampte	[duanə·beamptə]
déclaration (f) de douane	doeaneverklaring	[duanə·ferklariŋ]
remplir (vt)	invul	[inful]
contrôle (m) de passeport	paspoortkontrole	[paspoərt·kontrolə]
bagage (m)	bagasie	[baχasi]
bagage (m) à main	handbagasie	[hand·baχasi]
chariot (m)	bagasiekarretjie	[baχasi·karrəki]
atterrissage (m)	landing	[landiŋ]
piste (f) d'atterrissage	landingsbaan	[landiŋs·bān]
atterrir (vi)	land	[lant]
escalier (m) d'avion	vliegtuigtrap	[fliχtœiχ·trap]
enregistrement (m)	na die vertrektoonbank	[na di fertrək·toənbank]
comptoir (m) d'enregistrement	vertrektoonbank	[fertrək·toənbank]
s'enregistrer (vp)	na die vertrektoonbank gaan	[na di fertrək·toənbank χān]
carte (f) d'embarquement	instapkaart	[instap·kārt]
porte (f) d'embarquement	vertrekuitgang	[fertrek·œitχaŋ]
transit (m)	transito	[traŋsito]
attendre (vt)	wag	[vaχ]
salle (f) d'attente	vertreksaal	[fertrək·sāl]
raccompagner (à l'aéroport, etc.)	afsien	[afsin]
dire au revoir	afskeid neem	[afskæjt neəm]

Les grands événements de la vie

109. Les fêtes et les événements

fête (f)	partytjie	[partajki]
fête (f) nationale	nasionale dag	[naʃionalə daχ]
jour (m) férié	openbare vakansiedag	[openbarə fakaŋsi·daχ]
fêter (vt)	herdenk	[herdenk]
événement (m) (~ du jour)	gebeurtenis	[χebøərtenis]
événement (m) (soirée, etc.)	gebeurtenis	[χebøərtenis]
banquet (m)	banket	[banket]
réception (f)	onthaal	[onthāl]
festin (m)	feesmaal	[feəs·māl]
anniversaire (m)	verjaardag	[ferjār·daχ]
jubilé (m)	jubileum	[jubiløəm]
célébrer (vt)	vier	[fir]
Nouvel An (m)	Nuwejaar	[nuvejār]
Bonne année!	Voorspoedige Nuwejaar	[foərspudiχə nuvejār]
Père Noël (m)	Kersvader	[kers·fadər]
Noël (m)	Kersfees	[kersfeəs]
Joyeux Noël!	Geseënde Kersfees	[χeseɛndə kersfeɛs]
arbre (m) de Noël	Kersboom	[kers·boəm]
feux (m pl) d'artifice	vuurwerk	[fɪrwerk]
mariage (m)	bruilof	[brœilof]
fiancé (m)	bruidegom	[brœidəχom]
fiancée (f)	bruid	[brœit]
inviter (vt)	uitnooi	[œitnoj]
lettre (f) d'invitation	uitnodiging	[œitnodəχiŋ]
invité (m)	gas	[χas]
visiter (~ les amis)	besoek	[besuk]
accueillir les invités	die gaste ontmoet	[di χastə ontmut]
cadeau (m)	present	[present]
offrir (un cadeau)	gee	[χeə]
recevoir des cadeaux	presente ontvang	[presentə ontfaŋ]
bouquet (m)	boeket	[buket]
félicitations (f pl)	gelukwense	[χelukwɛŋsə]
féliciter (vt)	gelukwens	[χelukwɛŋs]
carte (f) de veux	geleentheidskaartjie	[χeleenthæjts·kārki]
toast (m)	heildronk	[hæjldronk]
offrir (un verre, etc.)	aanbied	[ānbit]

champagne (m)	sjampanje	[ʃampanje]
s'amuser (vp)	jouself geniet	[jæʊsɛlf χenit]
gaieté (f)	pret	[pret]
joie (f) (émotion)	vreugde	[frøeχdə]

| danse (f) | dans | [daŋs] |
| danser (vi, vt) | dans | [daŋs] |

| valse (f) | wals | [vals] |
| tango (m) | tango | [tanχo] |

110. L'enterrement. Le deuil

cimetière (m)	begraafplaas	[beχrāf·plās]
tombe (f)	graf	[χraf]
croix (f)	kruis	[krœis]
pierre (f) tombale	grafsteen	[χrafsteən]
clôture (f)	heining	[hæjniŋ]
chapelle (f)	kapel	[kapəl]

mort (f)	dood	[doət]
mourir (vi)	doodgaan	[doədχān]
défunt (m)	oorledene	[oərledenə]
deuil (m)	rou	[ræʊ]

enterrer (vt)	begrawe	[beχravə]
maison (f) funéraire	begrafnisonderneming	[beχrafnis·ondərnemiŋ]
enterrement (m)	begrafnis	[beχrafnis]

couronne (f)	krans	[kraŋs]
cercueil (m)	doodskis	[doədskis]
corbillard (m)	lykswa	[lajks·wa]
linceul (m)	lykkleed	[lajk·kleət]

cortège (m) funèbre	begrafnisstoet	[beχrafnis·stut]
urne (f) funéraire	urn	[urn]
crématoire (m)	krematorium	[krematorium]

nécrologue (m)	doodsberig	[doəds·berəχ]
pleurer (vi)	huil	[hœil]
sangloter (vi)	snik	[snik]

111. La guerre. Les soldats

section (f)	peleton	[peleton]
compagnie (f)	kompanie	[kompani]
régiment (m)	regiment	[reχiment]
armée (f)	leër	[leɛr]
division (f)	divisie	[difisi]

| détachement (m) | afdeling | [afdeliŋ] |
| armée (f) (Moyen Âge) | leërskare | [leɛrskarə] |

| soldat (m) (un militaire) | soldaat | [soldãt] |
| officier (m) | offisier | [offisir] |

soldat (m) (grade)	soldaat	[soldãt]
sergent (m)	sersant	[sersant]
lieutenant (m)	luitenant	[lœitənant]
capitaine (m)	kaptein	[kaptæjn]
commandant (m)	majoor	[majoər]
colonel (m)	kolonel	[kolonəl]
général (m)	generaal	[χenerãl]

marin (m)	matroos	[matroəs]
capitaine (m)	kaptein	[kaptæjn]
maître (m) d'équipage	bootsman	[boətsman]

artilleur (m)	artilleris	[artilleris]
parachutiste (m)	valskermsoldaat	[falskerm·soldãt]
pilote (m)	piloot	[piloət]
navigateur (m)	navigator	[nafiχator]
mécanicien (m)	werktuigkundige	[verktœiχ·kundiχə]

démineur (m)	sappeur	[sappøər]
parachutiste (m)	valskermspringer	[falskerm·spriŋər]
éclaireur (m)	verkenner	[ferkɛnnər]
tireur (m) d'élite	skerpskut	[skerp·skut]

patrouille (f)	patrollie	[patrolli]
patrouiller (vi)	patrolleer	[patrolleər]
sentinelle (f)	wag	[vaχ]

guerrier (m)	vegter	[feχtər]
patriote (m)	patriot	[patriot]
héros (m)	held	[hɛlt]
héroïne (f)	heldin	[hɛldin]

| traître (m) | verraaier | [ferrãjer] |
| trahir (vt) | verraai | [ferrãi] |

| déserteur (m) | droster | [drostər] |
| déserter (vt) | dros | [dros] |

mercenaire (m)	huursoldaat	[hɪr·soldãt]
recrue (f)	rekruteer	[rekruteər]
volontaire (m)	vrywilliger	[frajvilliχər]

mort (m)	dooie	[dojə]
blessé (m)	gewonde	[χevondə]
prisonnier (m) de guerre	krygsgevangene	[krajχs·χefaŋənə]

112. La guerre. Partie 1

guerre (f)	oorlog	[oərloχ]
faire la guerre	oorlog voer	[oərloχ fur]
guerre (f) civile	burgeroorlog	[burgər·oərloχ]

perfidement (adv)	valslik	[falslik]
déclaration (f) de guerre	oorlogsverklaring	[oərlɔχs·ferklariŋ]
déclarer (la guerre)	oorlog verklaar	[oərlɔχ ferklãr]
agression (f)	aggressie	[aχrɛssi]
attaquer (~ un pays)	aanval	[ãnfal]

envahir (vt)	binneval	[binnəfal]
envahisseur (m)	binnevaller	[binnəfallər]
conquérant (m)	veroweraar	[feroverãr]

défense (f)	verdediging	[ferdedəχiŋ]
défendre (vt)	verdedig	[ferdedəχ]
se défendre (vp)	jouself verdedig	[jæusɛlf ferdedəχ]

ennemi (m)	vyand	[fajant]
adversaire (m)	teëstander	[tɛɛstandər]
ennemi (adj) (territoire ~)	vyandig	[fajandəχ]

| stratégie (f) | strategie | [strateχi] |
| tactique (f) | taktiek | [taktik] |

ordre (m)	bevel	[befəl]
commande (f)	bevel	[befəl]
ordonner (vt)	beveel	[befeəl]
mission (f)	opdrag	[opdraχ]
secret (adj)	geheim	[χəhæjm]

bataille (f)	slag	[slaχ]
bataille (f)	veldslag	[fɛltslaχ]
combat (m)	geveg	[χefeχ]

attaque (f)	aanval	[ãnfal]
assaut (m)	bestorming	[bestormiŋ]
prendre d'assaut	bestorm	[bestorm]
siège (m)	beleg	[beleχ]

| offensive (f) | aanval | [ãnfal] |
| passer à l'offensive | tot die offensief oorgaan | [tot di offɛŋsif oərχãn] |

| retraite (f) | terugtrekking | [teruχ·trɛkkiŋ] |
| faire retraite | terugtrek | [teruχtrek] |

| encerclement (m) | omsingeling | [omsinχəliŋ] |
| encercler (vt) | omsingel | [omsiŋəl] |

bombardement (m)	bombardement	[bombardement]
bombarder (vt)	bombardeer	[bombardeər]
explosion (f)	ontploffing	[ontploffiŋ]

| coup (m) de feu | skoot | [skoət] |
| fusillade (f) | skiet | [skit] |

viser ... (cible)	mik op	[mik op]
pointer (sur ...)	rig	[riχ]
atteindre (cible)	tref	[tref]
faire sombrer	sink	[sink]

| trou (m) (dans un bateau) | gat | [χat] |
| sombrer (navire) | sink | [sink] |

front (m)	front	[front]
évacuation (f)	evakuasie	[ɛfakuasi]
évacuer (vt)	evakueer	[ɛfakuoor]

tranchée (f)	loopgraaf	[loəpχrāf]
barbelés (m pl)	doringdraad	[doriŋ·drāt]
barrage (m) (~ antichar)	versperring	[fersperriŋ]
tour (f) de guet	wagtoring	[vaχ·toriŋ]

hôpital (m)	militêre hospitaal	[militærə hospitāl]
blesser (vt)	wond	[vont]
blessure (f)	wond	[vont]
blessé (m)	gewonde	[χevondə]
être blessé	gewond	[χevont]
grave (blessure)	ernstig	[ɛrnstəχ]

113. La guerre. Partie 2

captivité (f)	gevangenskap	[χefaŋənskap]
captiver (vt)	gevange neem	[χefaŋə neəm]
être prisonnier	in gevangenskap wees	[in χefaŋənskap veəs]
être fait prisonnier	in gevangenskap geneem word	[in χefaŋənskap χeneəm vort]

camp (m) de concentration	konsentrasiekamp	[kɔŋsentrasi·kamp]
prisonnier (m) de guerre	krygsgevangene	[krajχs·χefaŋənə]
s'enfuir (vp)	ontsnap	[ontsnap]

trahir (vt)	verraai	[ferrāi]
traître (m)	verraaier	[ferrājer]
trahison (f)	verraad	[ferrāt]

| fusiller (vt) | eksekuteer | [ɛksekuteər] |
| fusillade (f) (exécution) | eksekusie | [ɛksekusi] |

équipement (m) (uniforme, etc.)	toerusting	[turustiŋ]
épaulette (f)	skouerstrook	[skæuer·stroək]
masque (m) à gaz	gasmasker	[χas·maskər]

émetteur (m) radio	veldradio	[fɛlt·radio]
chiffre (m) (code)	geheime kode	[χəhæjmə kodə]
conspiration (f)	geheimhouding	[χəhæjm·hæʋdiŋ]
mot (m) de passe	wagwoord	[vaχ·woərt]

mine (f) terrestre	landmyn	[land·majn]
miner (poser des mines)	bemyn	[bemajn]
champ (m) de mines	mynveld	[majn·fɛlt]

| alerte (f) aérienne | lugalarm | [luχ·alarm] |
| signal (m) d'alarme | alarm | [alarm] |

signal (m)	sienjaal	[sinjāl]
fusée signal (f)	fakkel	[fakkel]
état-major (m)	hoofkwartier	[hoəf·kwartir]
reconnaissance (f)	verkenningstog	[fɛrkɛnniŋs·toχ]
situation (f)	toestand	[tustant]
rapport (m)	verslag	[fɛrslaχ]
embuscade (f)	hinderlaag	[hindər·lāχ]
renfort (m)	versterking	[fɛrstərkiŋ]
cible (f)	doel	[dul]
polygone (m)	proefterrein	[pruf·tɛrræjn]
manœuvres (f pl)	militêre oefening	[militærə ufeniŋ]
panique (f)	paniek	[panik]
dévastation (f)	verwoesting	[fɛrwustiŋ]
destructions (f pl) (ruines)	verwoesting	[fɛrwustiŋ]
détruire (vt)	verwoes	[fɛrwus]
survivre (vi)	oorleef	[oərleəf]
désarmer (vt)	ontwapen	[ontvapen]
manier (une arme)	hanteer	[hanteər]
Garde-à-vous! Fixe!	Aandag!	[āndaχ!]
Repos!	Op die plek rus!	[op di plek rus!]
exploit (m)	heldedaad	[hɛldə·dāt]
serment (m)	eed	[eət]
jurer (de faire qch)	sweer	[sweər]
décoration (f)	dekorasie	[dekorasiə]
décorer (de la médaille)	toeken	[tuken]
médaille (f)	medalje	[medaljə]
ordre (m) (~ du Mérite)	orde	[ordə]
victoire (f)	oorwinning	[oərwinniŋ]
défaite (f)	nederlaag	[nedərlāχ]
armistice (m)	wapenstilstand	[vapɛn·stilstant]
drapeau (m)	vaandel	[fāndəl]
gloire (f)	roem	[rum]
défilé (m)	parade	[paradə]
marcher (défiler)	marseer	[marseər]

114. Les armes

arme (f)	wapens	[vapɛns]
armes (f pl) à feu	vuurwapens	[fɪr·vapɛns]
armes (f pl) blanches	messe	[mɛssə]
arme (f) chimique	chemiese wapens	[χemisə vapɛns]
nucléaire (adj)	kern-	[kern-]
arme (f) nucléaire	kernwapens	[kern·vapɛns]
bombe (f)	bom	[bom]

bombe (f) atomique	atoombom	[atoəm·bom]
pistolet (m)	pistool	[pistoəl]
fusil (m)	geweer	[χeveər]
mitraillette (f)	aanvalsgeweer	[ānvals·χeveər]
mitrailleuse (f)	masjiengeweer	[maʃin·χeveər]
bouche (f)	loop	[loəp]
canon (m)	loop	[loəp]
calibre (m)	kaliber	[kalibər]
gâchette (f)	sneller	[snɛllər]
mire (f)	visier	[fisir]
magasin (m)	magasyn	[maχasajn]
crosse (f)	kolf	[kolf]
grenade (f) à main	handgranaat	[hand·χranāt]
explosif (m)	springstof	[spriŋstof]
balle (f)	koeël	[kuɛl]
cartouche (f)	patroon	[patroən]
charge (f)	lading	[ladiŋ]
munitions (f pl)	ammunisie	[ammunisi]
bombardier (m)	bomwerper	[bom·werpər]
avion (m) de chasse	straalvegter	[strāl·feχtər]
hélicoptère (m)	helikopter	[helikoptər]
pièce (f) de D.C.A.	lugafweer	[luχafweər]
char (m)	tenk	[tɛnk]
canon (m) d'un char	tenkkanon	[tɛnk·kanon]
artillerie (f)	artillerie	[artilleri]
canon (m)	kanon	[kanon]
pointer (~ l'arme)	aanlê	[ānlɛ:]
obus (m)	projektiel	[projektil]
obus (m) de mortier	mortierbom	[mortir·bom]
mortier (m)	mortier	[mortir]
éclat (m) d'obus	skrapnel	[skrapnəl]
sous-marin (m)	duikboot	[dœik·boət]
torpille (f)	torpedo	[torpedo]
missile (m)	vuurpyl	[fɪr·pajl]
charger (arme)	laai	[lāi]
tirer (vi)	skiet	[skit]
viser ... (cible)	rig op	[riχ op]
baïonnette (f)	bajonet	[bajonet]
épée (f)	rapier	[rapir]
sabre (m)	sabel	[sabəl]
lance (f)	spies	[spis]
arc (m)	boog	[boəχ]
flèche (f)	pyl	[pajl]
mousquet (m)	musket	[musket]
arbalète (f)	kruisboog	[krœis·boəχ]

115. Les hommes préhistoriques

primitif (adj)	primitief	[primitif]
préhistorique (adj)	prehistories	[prehistoris]
ancien (adj)	antiek	[antik]
Âge (m) de pierre	Steentydperk	[steən·tajtperk]
Âge (m) de bronze	Bronstydperk	[brɔŋs·tajtperk]
période (f) glaciaire	Ystydperk	[ajs·tajtperk]
tribu (f)	stam	[stam]
cannibale (m)	mensvreter	[mɛŋs·fretər]
chasseur (m)	jagter	[jaχtər]
chasser (vi, vt)	jag	[jaχ]
mammouth (m)	mammoet	[mammut]
caverne (f)	grot	[χrot]
feu (m)	vuur	[fɪr]
feu (m) de bois	kampvuur	[kampfɪr]
dessin (m) rupestre	rotstekening	[rots·tekəniŋ]
outil (m)	werktuig	[verktœiχ]
lance (f)	spies	[spis]
hache (f) en pierre	klipbyl	[klip·bajl]
faire la guerre	oorlog voer	[oərlɔχ fur]
domestiquer (vt)	tem	[tem]
idole (f)	afgod	[afχot]
adorer, vénérer (vt)	aanbid	[ānbit]
superstition (f)	bygeloof	[bajχəloəf]
rite (m)	ritueel	[ritueəl]
évolution (f)	evolusie	[ɛfolusi]
développement (m)	ontwikkeling	[ontwikkeliŋ]
disparition (f)	verdwyning	[ferdwajniŋ]
s'adapter (vp)	jou aanpas	[jæʊ ānpas]
archéologie (f)	argeologie	[arχeoloχi]
archéologue (m)	argeoloog	[arχeoloəχ]
archéologique (adj)	argeologies	[arχeoloχis]
site (m) d'excavation	opgrawingsplek	[opχraviŋs·plek]
fouilles (f pl)	opgrawingsplekke	[opχraviŋs·plɛkkə]
trouvaille (f)	vonds	[fonds]
fragment (m)	fragment	[fraχment]

116. Le Moyen Âge

peuple (m)	volk	[folk]
peuples (m pl)	bevolking	[befolkiŋ]
tribu (f)	stam	[stam]
tribus (f pl)	stamme	[stammə]
Barbares (m pl)	barbare	[barbarə]

Gaulois (m pl)	Galliërs	[χalliɛrs]
Goths (m pl)	Gote	[χote]
Slaves (m pl)	Slawe	[slavə]
Vikings (m pl)	Vikings	[vikiŋs]
Romains (m pl)	Romeine	[romæjnə]
romain (adj)	Romeins	[romæjns]
byzantins (m pl)	Bisantyne	[bisantajnə]
Byzance (f)	Bisantium	[bisantium]
byzantin (adj)	Bisantyns	[bisantajns]
empereur (m)	keiser	[kæjsər]
chef (m)	leier	[læjer]
puissant (adj)	magtig	[maχtəχ]
roi (m)	koning	[koniŋ]
gouverneur (m)	heerser	[heərsər]
chevalier (m)	ridder	[riddər]
féodal (m)	feodale heerser	[feodalə heərsər]
féodal (adj)	feodaal	[feodāl]
vassal (m)	vasal	[fasal]
duc (m)	hertog	[hertoχ]
comte (m)	graaf	[χrāf]
baron (m)	baron	[baron]
évêque (m)	biskop	[biskop]
armure (f)	harnas	[harnas]
bouclier (m)	skild	[skilt]
glaive (m)	swaard	[swārt]
visière (f)	visier	[fisir]
cotte (f) de mailles	maliehemp	[mali·hemp]
croisade (f)	Kruistog	[krœis·toχ]
croisé (m)	kruisvaarder	[krœis·fārdər]
territoire (m)	gebied	[χebit]
attaquer (~ un pays)	aanval	[ānfal]
conquérir (vt)	verower	[ferovər]
occuper (envahir)	beset	[beset]
siège (m)	beleg	[beleχ]
assiégé (adj)	beleërde	[beleɛrdə]
assiéger (vt)	beleër	[beleɛr]
inquisition (f)	inkwisisie	[inkvisisi]
inquisiteur (m)	inkwisiteur	[inkvisitøər]
torture (f)	marteling	[martəliŋ]
cruel (adj)	wreed	[vreet]
hérétique (m)	ketter	[kɛttər]
hérésie (f)	kettery	[kɛtteraj]
navigation (f) en mer	seevaart	[seə·fārt]
pirate (m)	piraat, seerower	[pirāt], [seə·rovər]
piraterie (f)	piratery, seerowery	[pirateraj], [seə·roveraj]

abordage (m)	enter	[ɛntər]
butin (m)	buit	[bœit]
trésor (m)	skatte	[skattə]
découverte (f)	ontdekking	[ontdɛkkiŋ]
découvrir (vt)	ontdek	[ontdek]
expédition (f)	ekspedisie	[ɛkspedisi]
mousquetaire (m)	musketier	[musketir]
cardinal (m)	kardinaal	[kardinãl]
héraldique (f)	heraldiek	[heraldik]
héraldique (adj)	heraldies	[heraldis]

117. Les dirigeants. Les responsables. Les autorités

roi (m)	koning	[koniŋ]
reine (f)	koningin	[koniŋin]
royal (adj)	koninklik	[koninklik]
royaume (m)	koninkryk	[koninkrajk]
prince (m)	prins	[prins]
princesse (f)	prinses	[prinsəs]
président (m)	president	[president]
vice-président (m)	vise-president	[fise-president]
sénateur (m)	senator	[senator]
monarque (m)	monarg	[monarχ]
gouverneur (m)	heerser	[heersər]
dictateur (m)	diktator	[diktator]
tyran (m)	tiran	[tiran]
magnat (m)	magnaat	[maχnãt]
directeur (m)	direkteur	[direktøər]
chef (m)	baas	[bãs]
gérant (m)	bestuurder	[bestɪrdər]
boss (m)	baas	[bãs]
patron (m)	eienaar	[æjenãr]
leader (m)	leier	[læjer]
chef (m) (~ d'une délégation)	hoof	[hoəf]
autorités (f pl)	outoriteite	[æʋtoritæjtə]
supérieurs (m pl)	hoofde	[hoəfdə]
gouverneur (m)	goewerneur	[χuvernøər]
consul (m)	konsul	[kɔŋsul]
diplomate (m)	diplomaat	[diplomãt]
maire (m)	burgermeester	[burgər·meəstər]
shérif (m)	sheriff	[sheriff]
empereur (m)	keiser	[kæjsər]
tsar (m)	tsaar	[tsãr]
pharaon (m)	farao	[farao]
khan (m)	kan	[kan]

118. Les crimes. Les criminels. Partie 1

bandit (m)	bandiet	[bandit]
crime (m)	misdaad	[misdāt]
criminel (m)	misdadiger	[misdadiχər]
voleur (m)	dief	[dif]
voler (qch à qn)	steel	[steəl]
vol (m) (activité)	steel	[steəl]
vol (m) (~ à la tire)	diefstal	[difstal]
kidnapper (vt)	ontvoer	[ontfur]
kidnapping (m)	ontvoering	[ontfuriŋ]
kidnappeur (m)	ontvoerder	[ontfurdər]
rançon (f)	losgeld	[losχɛlt]
exiger une rançon	losgeld eis	[losχɛlt æjs]
cambrioler (vt)	besteel	[besteəl]
cambriolage (m)	oorval	[oərfal]
cambrioleur (m)	boef	[buf]
extorquer (vt)	afpers	[afpers]
extorqueur (m)	afperser	[afpersər]
extorsion (f)	afpersing	[afpersiŋ]
tuer (vt)	vermoor	[fermoər]
meurtre (m)	moord	[moərt]
meurtrier (m)	moordenaar	[moərdenār]
coup (m) de feu	skoot	[skoət]
abattre (par balle)	doodskiet	[doədskit]
tirer (vi)	skiet	[skit]
coups (m pl) de feu	skietery	[skiteraj]
incident (m)	insident	[insident]
bagarre (f)	geveg	[χefeχ]
Au secours!	Help!	[hɛlp!]
victime (f)	slagoffer	[slaχoffər]
endommager (vt)	beskadig	[beskadəχ]
dommage (m)	skade	[skadə]
cadavre (m)	lyk	[lajk]
grave (~ crime)	ernstig	[ɛrnstəχ]
attaquer (vt)	aanval	[ānfal]
battre (frapper)	slaan	[slān]
passer à tabac	platslaan	[platslān]
prendre (voler)	vat	[fat]
poignarder (vt)	doodsteek	[doədsteək]
mutiler (vt)	vermink	[fermink]
blesser (vt)	wond	[vont]
chantage (m)	afpersing	[afpersiŋ]
faire chanter	afpers	[afpers]

maître (m) chanteur	afperser	[afpersər]
racket (m) de protection	beskermingswendelary	[beskermiŋ·swendəlaraj]
racketteur (m)	afperser	[afpersər]
gangster (m)	boef	[buf]
mafia (f)	mafia	[mafia]

pickpocket (m)	sakkeroller	[sakkerollər]
cambrioleur (m)	inbreker	[inbrekər]
contrebande (f) (trafic)	smokkel	[smokkəl]
contrebandier (m)	smokkelaar	[smokkəlãr]

contrefaçon (f)	vervalsing	[ferfalsiŋ]
falsifier (vt)	verval	[ferfal]
faux (falsifié)	vals	[fals]

119. Les crimes. Les criminels. Partie 2

viol (m)	verkragting	[ferkraχtiŋ]
violer (vt)	verkrag	[ferkraχ]
violeur (m)	verkragter	[ferkraχtər]
maniaque (m)	maniak	[maniak]

prostituée (f)	prostituut	[prostitʏt]
prostitution (f)	prostitusie	[prostitusi]
souteneur (m)	pooier	[pojer]

| drogué (m) | dwelmslaaf | [dwɛlm·slãf] |
| trafiquant (m) de drogue | dwelmhandelaar | [dwɛlm·handəlãr] |

faire exploser	opblaas	[opblãs]
explosion (f)	ontploffing	[ontploffiŋ]
mettre feu	aan die brand steek	[ãn di brant steək]
incendiaire (m)	brandstigter	[brant·stiχtər]

terrorisme (m)	terrorisme	[terrorismə]
terroriste (m)	terroris	[terroris]
otage (m)	gyselaar	[χajsəlãr]

escroquer (vt)	bedrieg	[bedrəχ]
escroquerie (f)	bedrog	[bedroχ]
escroc (m)	bedrieër	[bedriɛr]

soudoyer (vt)	omkoop	[omkoəp]
corruption (f)	omkopery	[omkoperaj]
pot-de-vin (m)	omkoopgeld	[omkoəp·χɛlt]

poison (m)	gif	[χif]
empoisonner (vt)	vergiftig	[ferχiftəχ]
s'empoisonner (vp)	jouself vergiftig	[jæusɛlf ferχiftəχ]

suicide (m)	selfmoord	[sɛlfmoərt]
suicidé (m)	selfmoordenaar	[sɛlfmoərdenãr]
menacer (vt)	dreig	[dræjχ]
menace (f)	dreigement	[dræjχement]

attentat (m)	aanslag	[ãŋslaχ]
voler (un auto)	steel	[steǝl]
détourner (un avion)	kaap	[kãp]

| vengeance (f) | wraak | [vrãk] |
| se venger (vp) | wreek | [vreǝk] |

torturer (vt)	martel	[martǝl]
torture (f)	marteling	[martǝliŋ]
tourmenter (vt)	folter	[foltǝr]

pirate (m)	piraat, seerower	[pirãt], [seǝ·rovǝr]
voyou (m)	skollie	[skolli]
armé (adj)	gewapen	[χevapen]
violence (f)	geweld	[χevɛlt]
illégal (adj)	onwettig	[onwɛttǝχ]

| espionnage (m) | spioenasie | [spiunasi] |
| espionner (vt) | spioeneer | [spiuneǝr] |

120. La police. La justice. Partie 1

| justice (f) | justisie | [jǝstisi] |
| tribunal (m) | geregshof | [χereχshof] |

juge (m)	regter	[reχtǝr]
jury (m)	jurielede	[jurilede]
cour (f) d'assises	jurieregspraak	[juri·reχsprãk]
juger (vt)	bereg	[bereχ]

avocat (m)	advokaat	[adfokãt]
accusé (m)	beklaagde	[beklãχdǝ]
banc (m) des accusés	beklaagdebank	[beklãχdǝ·bank]

| inculpation (f) | aanklag | [ãnklaχ] |
| inculpé (m) | beskuldigde | [beskuldiχdǝ] |

| condamnation (f) | vonnis | [fonnis] |
| condamner (vt) | veroordeel | [feroǝrdeǝl] |

coupable (m)	skuldig	[skuldǝχ]
punir (vt)	straf	[straf]
punition (f)	straf	[straf]

amende (f)	boete	[butǝ]
détention (f) à vie	lewenslange gevangenisstraf	[levɛŋslaŋǝ χefaŋǝnis·straf]
peine (f) de mort	doodstraf	[doǝdstraf]
chaise (f) électrique	elektriese stoel	[ɛlektrisǝ stul]
potence (f)	galg	[χalχ]

exécuter (vt)	eksekuteer	[ɛksekuteǝr]
exécution (f)	eksekusie	[ɛksekusi]
prison (f)	tronk	[tronk]

cellule (f)	sel	[sǝl]
escorte (f)	eskort	[ɛskort]
gardien (m) de prison	tronkbewaarder	[tronk·bevārdǝr]
prisonnier (m)	gevangene	[xefaŋǝnǝ]

| menottes (f pl) | handboeie | [hant·bujǝ] |
| mettre les menottes | in die boeie slaan | [in di bujǝ slān] |

évasion (f)	ontsnapping	[ontsnappiŋ]
s'évader (vp)	ontsnap	[ontsnap]
disparaître (vi)	verdwyn	[ferdwajn]
libérer (vt)	vrylaat	[frajlāt]
amnistie (f)	amnestie	[amnesti]

police (f)	polisie	[polisi]
policier (m)	polisieman	[polisi·man]
commissariat (m) de police	polisiestasie	[polisi·stasi]
matraque (f)	knuppel	[knuppǝl]
haut parleur (m)	megafoon	[meχafoǝn]

voiture (f) de patrouille	patrolliemotor	[patrolli·motor]
sirène (f)	sirene	[sirenǝ]
enclencher la sirène	die sirene aanskakel	[di sirenǝ āŋskakǝl]
hurlement (m) de la sirène	sirenegeloei	[sirenǝ·χelui]

lieu (m) du crime	misdaadtoneel	[misdād·toneǝl]
témoin (m)	getuie	[χetœiǝ]
liberté (f)	vryheid	[frajhæjt]
complice (m)	medepligtige	[medǝ·pliχtiχǝ]
s'enfuir (vp)	ontvlug	[ontfluχ]
trace (f)	spoor	[spoǝr]

121. La police. La justice. Partie 2

recherche (f)	soektog	[suktoχ]
rechercher (vt)	soek ...	[suk ...]
suspicion (f)	verdenking	[ferdɛnkiŋ]
suspect (adj)	verdag	[ferdaχ]
arrêter (dans la rue)	teëhou	[teɛhæʋ]
détenir (vt)	aanhou	[ānhæʋ]

affaire (f) (~ pénale)	hofsaak	[hofsāk]
enquête (f)	ondersoek	[ondǝrsuk]
détective (m)	speurder	[spøǝrdǝr]
enquêteur (m)	speurder	[spøǝrdǝr]
hypothèse (f)	hipotese	[hipotesǝ]

motif (m)	motief	[motif]
interrogatoire (m)	ondervraging	[ondǝrfraχiŋ]
interroger (vt)	ondervra	[ondǝrfra]
interroger (~ les voisins)	verhoor	[ferhoǝr]
inspection (f)	kontroleer	[kontroleǝr]
rafle (f)	klopjag	[klopjaχ]
perquisition (f)	huissoeking	[hœis·sukiŋ]

poursuite (f)	agtervolging	[axtərfolxiŋ]
poursuivre (vt)	agtervolg	[axtərfolx]
dépister (vt)	opspoor	[opspoər]
arrestation (f)	inhegtenisneming	[inhextenis·nemiŋ]
arrêter (vt)	arresteer	[arresteər]
attraper (~ un criminel)	vang	[faŋ]
capture (f)	opsporing	[opsporiŋ]
document (m)	dokument	[dokument]
preuve (f)	bewys	[bevajs]
prouver (vt)	bewys	[bevajs]
empreinte (f) de pied	voetspoor	[futspoər]
empreintes (f pl) digitales	vingerafdrukke	[fiŋər·afdrukkə]
élément (m) de preuve	bewysstuk	[bevajs·stuk]
alibi (m)	alibi	[alibi]
innocent (non coupable)	onskuldig	[ɔŋskuldəx]
injustice (f)	onreg	[onrex]
injuste (adj)	onregverdig	[onrexferdəx]
criminel (adj)	krimineel	[krimineəl]
confisquer (vt)	in beslag neem	[in beslax neəm]
drogue (f)	dwelm	[dwɛlm]
arme (f)	wapen	[vapen]
désarmer (vt)	ontwapen	[ontvapen]
ordonner (vt)	beveel	[befeəl]
disparaître (vi)	verdwyn	[ferdwajn]
loi (f)	wet	[vet]
légal (adj)	wettig	[vɛttəx]
illégal (adj)	onwettig	[onwɛttəx]
responsabilité (f)	verantwoordelikheid	[ferant·voərdelikhæjt]
responsable (adj)	verantwoordelik	[ferant·voərdelik]

LA NATURE

La Terre. Partie 1

122. L'espace cosmique

cosmos (m)	kosmos	[kosmos]
cosmique (adj)	kosmies	[kosmis]
espace (m) cosmique	buitenste ruimte	[bœitɛŋstə rəjmtə]
monde (m)	wêreld	[værɛlt]
univers (m)	heelal	[heəlal]
galaxie (f)	sterrestelsel	[sterrə·stɛlsəl]
étoile (f)	ster	[ster]
constellation (f)	sterrebeeld	[sterrə·beəlt]
planète (f)	planeet	[planeət]
satellite (m)	satelliet	[satɛllit]
météorite (m)	meteoriet	[meteorit]
comète (f)	komeet	[komeət]
astéroïde (m)	asteroïed	[asteroïət]
orbite (f)	baan	[bãn]
tourner (vi)	draai	[drãi]
atmosphère (f)	atmosfeer	[atmosfeər]
Soleil (m)	die Son	[di son]
système (m) solaire	sonnestelsel	[sonnə·stɛlsəl]
éclipse (f) de soleil	sonsverduistering	[soŋs·ferdœisteriŋ]
Terre (f)	die Aarde	[di ãrdə]
Lune (f)	die Maan	[di mãn]
Mars (m)	Mars	[mars]
Vénus (f)	Venus	[fenus]
Jupiter (m)	Jupiter	[jupitər]
Saturne (m)	Saturnus	[saturnus]
Mercure (m)	Mercurius	[merkurius]
Uranus (m)	Uranus	[uranus]
Neptune	Neptunus	[neptunus]
Pluton (m)	Pluto	[pluto]
la Voie Lactée	Melkweg	[melk·weχ]
la Grande Ours	Groot Beer	[χroət beər]
la Polaire	Poolster	[poəl·stər]
martien (m)	marsbewoner	[mars·bevonər]
extraterrestre (m)	buiteaardse wese	[bœitə·ãrdsə vesə]

alien (m)	ruimtewese	[rœimtə·vesə]
soucoupe (f) volante	vlieënde skottel	[fliɛndə skottəl]
vaisseau (m) spatial	ruimteskip	[rœimtə·skip]
station (f) orbitale	ruimtestasie	[rœimtə·stasi]
lancement (m)	vertrek	[fertrek]
moteur (m)	enjin	[ɛndʒin]
tuyère (f)	uitlaatpyp	[œitlāt·pajp]
carburant (m)	brandstof	[brantstof]
cabine (f)	stuurkajuit	[stɪr·kajœit]
antenne (f)	lugdraad	[luχdrāt]
hublot (m)	patryspoort	[patrajs·poərt]
batterie (f) solaire	sonpaneel	[son·paneəl]
scaphandre (m)	ruimtepak	[rœimtə·pak]
apesanteur (f)	gewigloosheid	[χeviχloəshæjt]
oxygène (m)	suurstof	[sɪrstof]
arrimage (m)	koppeling	[koppeliŋ]
s'arrimer à …	koppel	[koppəl]
observatoire (m)	observatorium	[observatorium]
télescope (m)	teleskoop	[teleskoəp]
observer (vt)	waarneem	[vārneəm]
explorer (un cosmos)	eksploreer	[ɛksploreər]

123. La Terre

Terre (f)	die Aarde	[di ārdə]
globe (m) terrestre	die aardbol	[di ārdbol]
planète (f)	planeet	[planeət]
atmosphère (f)	atmosfeer	[atmosfeər]
géographie (f)	geografie	[χeoχrafi]
nature (f)	natuur	[natɪr]
globe (m) de table	aardbol	[ārd·bol]
carte (f)	kaart	[kārt]
atlas (m)	atlas	[atlas]
Europe (f)	Europa	[øəropa]
Asie (f)	Asië	[asiɛ]
Afrique (f)	Afrika	[afrika]
Australie (f)	Australië	[ɔustraliɛ]
Amérique (f)	Amerika	[amerika]
Amérique (f) du Nord	Noord-Amerika	[noərd-amerika]
Amérique (f) du Sud	Suid-Amerika	[sœid-amerika]
l'Antarctique (m)	Suidpool	[sœid·poəl]
l'Arctique (m)	Noordpool	[noərd·poəl]

124. Les quatre parties du monde

nord (m)	noorde	[noərdə]
vers le nord	na die noorde	[na di noərdə]
au nord	in die noorde	[in di noərdə]
du nord (adj)	noordelik	[noərdəlik]
sud (m)	suide	[sœidə]
vers le sud	na die suide	[na di sœidə]
au sud	in die suide	[in di sœidə]
du sud (adj)	suidelik	[sœidəlik]
ouest (m)	weste	[vestə]
vers l'occident	na die weste	[na di vestə]
à l'occident	in die weste	[in di vestə]
occidental (adj)	westelik	[vestelik]
est (m)	ooste	[oəstə]
vers l'orient	na die ooste	[na di oəstə]
à l'orient	in die ooste	[in di oəstə]
oriental (adj)	oostelik	[oəstəlik]

125. Les océans et les mers

mer (f)	see	[seə]
océan (m)	oseaan	[oseãn]
golfe (m)	golf	[χolf]
détroit (m)	straat	[strãt]
terre (f) ferme	land	[lant]
continent (m)	kontinent	[kontinent]
île (f)	eiland	[æjlant]
presqu'île (f)	skiereiland	[skir·æjlant]
archipel (m)	argipel	[arχipəl]
baie (f)	baai	[bãi]
port (m)	hawe	[havə]
lagune (f)	strandmeer	[strand·meər]
cap (m)	kaap	[kãp]
atoll (m)	atol	[atol]
récif (m)	rif	[rif]
corail (m)	koraal	[korãl]
récif (m) de corail	koraalrif	[korãl·rif]
profond (adj)	diep	[dip]
profondeur (f)	diepte	[diptə]
abîme (m)	afgrond	[afχront]
fosse (f) océanique	trog	[troχ]
courant (m)	stroming	[stromiŋ]
baigner (vt) (mer)	omring	[omriŋ]

| littoral (m) | oewer | [uvər] |
| côte (f) | kus | [kus] |

marée (f) haute	hoogwater	[hoəχ·vatər]
marée (f) basse	laagwater	[lāχ·vatər]
banc (m) de sable	sandbank	[sand·bank]
fond (m)	bodem	[bodem]

vague (f)	golf	[χolf]
crête (f) de la vague	kruin	[krœin]
mousse (f)	skuim	[skœim]

tempête (f) en mer	storm	[storm]
ouragan (m)	orkaan	[orkān]
tsunami (m)	tsunami	[tsunami]
calme (m)	windstilte	[vindstiltə]
calme (tranquille)	kalm	[kalm]

| pôle (m) | pool | [poəl] |
| polaire (adj) | polêr | [polær] |

latitude (f)	breedtegraad	[breədtə·χrāt]
longitude (f)	lengtegraad	[leŋtə·χrāt]
parallèle (f)	parallel	[parallǝl]
équateur (m)	ewenaar	[ɛvenār]

ciel (m)	hemel	[heməl]
horizon (m)	horison	[horison]
air (m)	lug	[luχ]

phare (m)	vuurtoring	[fɪrtoriŋ]
plonger (vi)	duik	[dœik]
sombrer (vi)	sink	[sink]
trésor (m)	skatte	[skattə]

126. Les noms des mers et des océans

océan (m) Atlantique	Atlantiese oseaan	[atlantisə oseān]
océan (m) Indien	Indiese Oseaan	[indisə oseān]
océan (m) Pacifique	Stille Oseaan	[stillə oseān]
océan (m) Glacial	Noordelike Yssee	[noərdelikə ajs·seə]

mer (f) Noire	Swart See	[swart seə]
mer (f) Rouge	Rooi See	[roj seə]
mer (f) Jaune	Geel See	[χeəl seə]
mer (f) Blanche	Witsee	[vit·seə]

mer (f) Caspienne	Kaspiese See	[kaspisə seə]
mer (f) Morte	Dooie See	[doje seə]
mer (f) Méditerranée	Middellandse See	[middəllandsə seə]

mer (f) Égée	Egeïese See	[ɛχejesə seə]
mer (f) Adriatique	Adriatiese See	[adriatisə seə]
mer (f) Arabique	Arabiese See	[arabisə seə]

mer (f) du Japon	Japanse See	[japaŋsə seə]
mer (f) de Béring	Beringsee	[beriŋ·seə]
mer (f) de Chine Méridionale	Suid-Sjinese See	[sœid-ʃinesə seə]

mer (f) de Corail	Koraalsee	[korāl·seə]
mer (f) de Tasman	Tasmansee	[tasmaŋ·seə]
mer (f) Caraïbe	Karibiese See	[karibisə seə]

| mer (f) de Barents | Barentssee | [barents·seə] |
| mer (f) de Kara | Karasee | [kara·seə] |

mer (f) du Nord	Noordsee	[noərd·seə]
mer (f) Baltique	Baltiese See	[baltisə seə]
mer (f) de Norvège	Noorse See	[noərsə seə]

127. Les montagnes

montagne (f)	berg	[berχ]
chaîne (f) de montagnes	bergreeks	[berχ·reəks]
crête (f)	bergrug	[berχ·ruχ]

sommet (m)	top	[top]
pic (m)	piek	[pik]
pied (m)	voet	[fut]
pente (f)	helling	[hɛlliŋ]

volcan (m)	vulkaan	[fulkān]
volcan (m) actif	aktiewe vulkaan	[aktivə fulkān]
volcan (m) éteint	rustende vulkaan	[rustendə fulkān]

éruption (f)	uitbarsting	[œitbarstiŋ]
cratère (m)	krater	[kratər]
magma (m)	magma	[maχma]
lave (f)	lawa	[lava]
en fusion (lave ~)	gloeiende	[χlujendə]

canyon (m)	diepkloof	[dip·kloəf]
défilé (m) (gorge)	kloof	[kloəf]
crevasse (f)	skeur	[skøər]
précipice (m)	afgrond	[afχront]

col (m) de montagne	bergpas	[berχ·pas]
plateau (m)	plato	[plato]
rocher (m)	krans	[kraŋs]
colline (f)	kop	[kop]

glacier (m)	gletser	[χletsər]
chute (f) d'eau	waterval	[vatər·fal]
geyser (m)	geiser	[χæjsər]
lac (m)	meer	[meər]

plaine (f)	vlakte	[flaktə]
paysage (m)	landskap	[landskap]
écho (m)	eggo	[ɛχχo]

alpiniste (m)	alpinis	[alpinis]
varappeur (m)	bergklimmer	[berχ·klimmər]
conquérir (vt)	baasraak	[bāsrāk]
ascension (f)	beklimming	[beklimmiŋ]

128. Les noms des chaînes de montagne

Alpes (f pl)	die Alpe	[di alpə]
Mont Blanc (m)	Mont Blanc	[mon blan]
Pyrénées (f pl)	die Pireneë	[di pireneɛ]

Carpates (f pl)	die Karpate	[di karpatə]
Monts Oural (m pl)	die Oeralgebergte	[di ural·χəberχtə]
Caucase (m)	die Koukasus Gebergte	[di kæʊkasus χəberχtə]
Elbrous (m)	Elbroes	[ɛlbrus]

Altaï (m)	die Altai-gebergte	[di altaj-χəberχtə]
Tian Chan (m)	die Tian Shan	[di tian ʃan]
Pamir (m)	die Pamir	[di pamir]
Himalaya (m)	die Himalajas	[di himalajas]
Everest (m)	Everest	[ɛverest]

| Andes (f pl) | die Andes | [di andes] |
| Kilimandjaro (m) | Kilimanjaro | [kilimandʒaro] |

129. Les fleuves

rivière (f), fleuve (m)	rivier	[rifir]
source (f)	bron	[bron]
lit (m) (d'une rivière)	rivierbed	[rifir·bet]
bassin (m)	stroomgebied	[stroəm·χebit]
se jeter dans ...	uitmond in ...	[œitmont in ...]

| affluent (m) | syrivier | [saj·rifir] |
| rive (f) | oewer | [uvər] |

courant (m)	stroming	[stromiŋ]
en aval	stroomafwaarts	[stroəm·afvārts]
en amont	stroomopwaarts	[stroəm·opvārts]

inondation (f)	oorstroming	[oərstromiŋ]
les grandes crues	oorstroming	[oərstromiŋ]
déborder (vt)	oor sy walle loop	[oər saj vallə loəp]
inonder (vt)	oorstroom	[oərstroəm]

| bas-fond (m) | sandbank | [sand·bank] |
| rapide (m) | stroomversnellings | [stroəm·fersnɛlliŋs] |

barrage (m)	damwal	[dam·wal]
canal (m)	kanaal	[kanāl]
lac (m) de barrage	opgaardam	[opχār·dam]
écluse (f)	sluis	[slœis]

plan (m) d'eau	dam	[dam]
marais (m)	moeras	[muras]
fondrière (f)	vlei	[flæj]
tourbillon (m)	draaikolk	[drāj·kolk]

ruisseau (m)	spruit	[sprœit]
potable (adj)	drink-	[drink-]
douce (l'eau ~)	vars	[fars]

| glace (f) | ys | [ajs] |
| être gelé | bevries | [befris] |

130. Les noms des fleuves

| Seine (f) | Seine | [sæjn] |
| Loire (f) | Loire | [lua:r] |

Tamise (f)	Teems	[tems]
Rhin (m)	Ryn	[rajn]
Danube (m)	Donau	[donɔu]

Volga (f)	Wolga	[volga]
Don (m)	Don	[don]
Lena (f)	Lena	[lena]

Huang He (m)	Geel Rivier	[χeəl rifir]
Yangzi Jiang (m)	Blou Rivier	[blæʊ rifir]
Mékong (m)	Mekong	[mekoŋ]
Gange (m)	Ganges	[χaŋəs]

Nil (m)	Nyl	[najl]
Congo (m)	Kongorivier	[kongo·rifir]
Okavango (m)	Okavango	[okavango]
Zambèze (m)	Zambezi	[sambesi]
Limpopo (m)	Limpopo	[limpopo]
Mississippi (m)	Mississippi	[mississippi]

131. La forêt

| forêt (f) | bos | [bos] |
| forestier (adj) | bos- | [bos-] |

fourré (m)	woud	[væʊt]
bosquet (m)	boord	[boərt]
clairière (f)	oopte	[oəptə]

| broussailles (f pl) | struikgewas | [strœik·χevas] |
| taillis (m) | struikveld | [strœik·fɛlt] |

sentier (m)	paadjie	[pādʒi]
ravin (m)	donga	[donχa]
arbre (m)	boom	[boəm]

| feuille (f) | blaar | [blār] |
| feuillage (m) | blare | [blarə] |

chute (f) de feuilles	val van die blare	[fal fan di blarə]
tomber (feuilles)	val	[fal]
sommet (m)	boomtop	[boəm·top]

rameau (m)	tak	[tak]
branche (f)	tak	[tak]
bourgeon (m)	knop	[knop]
aiguille (f)	naald	[nālt]
pomme (f) de pin	dennebol	[dɛnnə·bol]

creux (m)	holte	[holtə]
nid (m)	nes	[nes]
terrier (m) (~ d'un renard)	gat	[χat]

tronc (m)	stam	[stam]
racine (f)	wortel	[vortəl]
écorce (f)	bas	[bas]
mousse (f)	mos	[mos]

déraciner (vt)	ontwortel	[ontwortəl]
abattre (un arbre)	omkap	[omkap]
déboiser (vt)	ontbos	[ontbos]
souche (f)	boomstomp	[boəm·stomp]

feu (m) de bois	kampvuur	[kampfɪr]
incendie (m)	bosbrand	[bos·brant]
éteindre (feu)	blus	[blus]

garde (m) forestier	boswagter	[bos·waχtər]
protection (f)	beskerming	[beskermiŋ]
protéger (vt)	beskerm	[beskerm]
braconnier (m)	wildstroper	[vilt·stropər]
piège (m) à mâchoires	slagyster	[slaχ·ajstər]

| cueillir (vt) | pluk | [pluk] |
| s'égarer (vp) | verdwaal | [ferdwāl] |

132. Les ressources naturelles

ressources (f pl) naturelles	natuurlike bronne	[natɪrlikə bronnə]
minéraux (m pl)	minerale	[mineralə]
gisement (m)	lae	[laə]
champ (m) (~ pétrolifère)	veld	[fɛlt]

extraire (vt)	myn	[majn]
extraction (f)	myn	[majn]
minerai (m)	erts	[ɛrts]
mine (f) (site)	myn	[majn]
puits (m) de mine	mynskag	[majn·skaχ]
mineur (m)	mynwerker	[majn·werkər]
gaz (m)	gas	[χas]

gazoduc (m)	gaspyp	[χas·pajp]
pétrole (m)	olie	[oli]
pipeline (m)	olipypleiding	[oli·pajp·læjdiŋ]
tour (f) de forage	oliebron	[oli·bron]
derrick (m)	boortoring	[boər·toriŋ]
pétrolier (m)	tenkskip	[tɛnk·skip]
sable (m)	sand	[sant]
calcaire (m)	kalksteen	[kalksteən]
gravier (m)	gruis	[χrœis]
tourbe (f)	veengrond	[feənχront]
argile (f)	klei	[klæj]
charbon (m)	steenkool	[steən·koəl]
fer (m)	yster	[ajstər]
or (m)	goud	[χæʊt]
argent (m)	silwer	[silwər]
nickel (m)	nikkel	[nikkəl]
cuivre (m)	koper	[kopər]
zinc (m)	sink	[sink]
manganèse (m)	mangaan	[manχān]
mercure (m)	kwik	[kwik]
plomb (m)	lood	[loət]
minéral (m)	mineraal	[minerāl]
cristal (m)	kristal	[kristal]
marbre (m)	marmer	[marmər]
uranium (m)	uraan	[urān]

La Terre. Partie 2

133. Le temps

temps (m)	weer	[veər]
météo (f)	weersvoorspelling	[veərs·foərspɛllɪŋ]
température (f)	temperatuur	[tempəratɪr]
thermomètre (m)	termometer	[termometər]
baromètre (m)	barometer	[barometər]
humide (adj)	klam	[klam]
humidité (f)	vogtigheid	[foχtiχæjt]
chaleur (f) (canicule)	hitte	[hittə]
torride (adj)	heet	[heət]
il fait très chaud	dis vrekwarm	[dis frekvarm]
il fait chaud	dit is warm	[dit is varm]
chaud (modérément)	louwarm	[læʊvarm]
il fait froid	dis koud	[dis kæʊt]
froid (adj)	koud	[kæʊt]
soleil (m)	son	[son]
briller (soleil)	skyn	[skajn]
ensoleillé (jour ~)	sonnig	[sonnəχ]
se lever (vp)	opkom	[opkom]
se coucher (vp)	ondergaan	[ondərχān]
nuage (m)	wolk	[volk]
nuageux (adj)	bewolk	[bevolk]
nuée (f)	reënwolk	[rɛɛn·wolk]
sombre (adj)	somber	[sombər]
pluie (f)	reën	[rɛɛn]
il pleut	dit reën	[dit rɛɛn]
pluvieux (adj)	reënerig	[rɛɛnerəχ]
bruiner (v imp)	motreën	[motrɛɛn]
pluie (f) torrentielle	stortbui	[stortbœi]
averse (f)	reënvlaag	[rɛɛn·flāχ]
forte (la pluie ~)	swaar	[swār]
flaque (f)	poeletjie	[puləki]
se faire mouiller	nat word	[nat vort]
brouillard (m)	mis	[mis]
brumeux (adj)	mistig	[mistəχ]
neige (f)	sneeu	[sniʊ]
il neige	dit sneeu	[dit sniʊ]

134. Les intempéries. Les catastrophes naturelles

orage (m)	donderstorm	[dondər·storm]
éclair (m)	weerlig	[veərləx]
éclater (foudre)	flits	[flits]
tonnerre (m)	donder	[dondər]
gronder (tonnerre)	donder	[dondər]
le tonnerre gronde	dit donder	[dit dondər]
grêle (f)	hael	[haəl]
il grêle	dit hael	[dit haəl]
inonder (vt)	oorstroom	[oərstroəm]
inondation (f)	oorstroming	[oərstromiŋ]
tremblement (m) de terre	aardbewing	[ārd·beviŋ]
secousse (f)	aardskok	[ārd·skok]
épicentre (m)	episentrum	[ɛpisentrum]
éruption (f)	uitbarsting	[œitbarstiŋ]
lave (f)	lawa	[lava]
tourbillon (m)	tornado	[tornado]
tornade (f)	tornado	[tornado]
typhon (m)	tifoon	[tifoən]
ouragan (m)	orkaan	[orkān]
tempête (f)	storm	[storm]
tsunami (m)	tsunami	[tsunami]
cyclone (m)	sikloon	[sikloən]
intempéries (f pl)	slegte weer	[slexte veər]
incendie (m)	brand	[brant]
catastrophe (f)	ramp	[ramp]
météorite (m)	meteoriet	[meteorit]
avalanche (f)	lawine	[lavinə]
éboulement (m)	sneeulawine	[sniu·lavinə]
blizzard (m)	sneeustorm	[sniu·storm]
tempête (f) de neige	sneeustorm	[sniu·storm]

La faune

135. Les mammifères. Les prédateurs

prédateur (m)	roofdier	[roef·dir]
tigre (m)	tier	[tir]
lion (m)	leeu	[liʉ]
loup (m)	wolf	[volf]
renard (m)	vos	[fos]
jaguar (m)	jaguar	[jaχuar]
léopard (m)	luiperd	[lœipert]
guépard (m)	jagluiperd	[jaχ·lœipert]
panthère (f)	swart luiperd	[swart lœipert]
puma (m)	poema	[puma]
léopard (m) de neiges	sneeuluiperd	[sniʉ·lœipert]
lynx (m)	los	[los]
coyote (m)	prêriewolf	[præri·volf]
chacal (m)	jakkals	[jakkals]
hyène (f)	hiëna	[hiɛna]

136. Les animaux sauvages

animal (m)	dier	[dir]
bête (f)	beest	[beəst]
écureuil (m)	eekhoring	[eəkhoriŋ]
hérisson (m)	krimpvarkie	[krimpfarki]
lièvre (m)	hasie	[hasi]
lapin (m)	konyn	[konajn]
blaireau (m)	das	[das]
raton (m)	wasbeer	[vasbeər]
hamster (m)	hamster	[hamstər]
marmotte (f)	marmot	[marmot]
taupe (f)	mol	[mol]
souris (f)	muis	[mœis]
rat (m)	rot	[rot]
chauve-souris (f)	vlermuis	[fler·mœis]
hermine (f)	hermelyn	[hermələjn]
zibeline (f)	sabel, sabeldier	[sabəl], [sabəl·dir]
martre (f)	marter	[martər]
belette (f)	wesel	[vesəl]
vison (m)	nerts	[nerts]

castor (m)	bewer	[bevər]
loutre (f)	otter	[ottər]
cheval (m)	perd	[pert]
élan (m)	eland	[ɛlant]
cerf (m)	hert	[hert]
chameau (m)	kameel	[kameəl]
bison (m)	bison	[bison]
aurochs (m)	wisent	[visent]
buffle (m)	buffel	[buffəl]
zèbre (m)	sebra, kwagga	[sebra], [kwaχχa]
antilope (f)	wildsbok	[vilds·bok]
chevreuil (m)	reebok	[reəbok]
biche (f)	damhert	[damhert]
chamois (m)	gems	[χems]
sanglier (m)	wildevark	[vildə·fark]
baleine (f)	walvis	[valfis]
phoque (m)	seehond	[seə·hont]
morse (m)	walrus	[valrus]
ours (m) de mer	seebeer	[seə·beər]
dauphin (m)	dolfyn	[dolfajn]
ours (m)	beer	[beər]
ours (m) blanc	ysbeer	[ajs·beər]
panda (m)	panda	[panda]
singe (m)	aap	[āp]
chimpanzé (m)	sjimpansee	[ʃimpaŋseə]
orang-outang (m)	orangoetang	[oranχutaŋ]
gorille (m)	gorilla	[χorilla]
macaque (m)	makaak	[makāk]
gibbon (m)	gibbon	[χibbon]
éléphant (m)	olifant	[olifant]
rhinocéros (m)	renoster	[renostər]
girafe (f)	kameelperd	[kameəl·pert]
hippopotame (m)	seekoei	[seə·kui]
kangourou (m)	kangaroe	[kanχaru]
koala (m)	koala	[koala]
mangouste (f)	muishond	[mœis·hont]
chinchilla (m)	chinchilla, tjintjilla	[tʃin·tʃila]
mouffette (f)	stinkmuishond	[stinkmœis·hont]
porc-épic (m)	ystervark	[ajstər·fark]

137. Les animaux domestiques

chat (m) (femelle)	kat	[kat]
chat (m) (mâle)	kater	[katər]
chien (m)	hond	[hont]

cheval (m)	perd	[pert]
étalon (m)	hings	[hiŋs]
jument (f)	merrie	[merri]
vache (f)	koei	[kui]
taureau (m)	bul	[bul]
bœuf (m)	os	[os]
brebis (f)	skaap	[skāp]
mouton (m)	ram	[ram]
chèvre (f)	bok	[bok]
bouc (m)	bokram	[bok·ram]
âne (m)	donkie, esel	[donki], [eisəl]
mulet (m)	muil	[mœil]
cochon (m)	vark	[fark]
pourceau (m)	varkie	[farki]
lapin (m)	konyn	[konajn]
poule (f)	hoender, hen	[hundər], [hen]
coq (m)	haan	[hān]
canard (m)	eend	[eent]
canard (m) mâle	mannetjieseend	[mannəkis·eent]
oie (f)	gans	[χaŋs]
dindon (m)	kalkoenmannetjie	[kalkun·mannəki]
dinde (f)	kalkoen	[kalkun]
animaux (m pl) domestiques	huisdiere	[hœis·dirə]
apprivoisé (adj)	mak	[mak]
apprivoiser (vt)	mak maak	[mak māk]
élever (vt)	teel	[teəl]
ferme (f)	plaas	[plās]
volaille (f)	pluimvee	[plœimfeə]
bétail (m)	beeste	[beəstə]
troupeau (m)	kudde	[kuddə]
écurie (f)	stal	[stal]
porcherie (f)	varkstal	[fark·stal]
vacherie (f)	koeistal	[kui·stal]
cabane (f) à lapins	konynehok	[konajnə·hok]
poulailler (m)	hoenderhok	[hundər·hok]

138. Les oiseaux

oiseau (m)	voël	[foɛl]
pigeon (m)	duif	[dœif]
moineau (m)	mossie	[mossi]
mésange (f)	mees	[meəs]
pie (f)	ekster	[ɛkstər]
corbeau (m)	raaf	[rāf]

corneille (f)	kraai	[krãi]
choucas (m)	kerkkraai	[kerk·krãi]
freux (m)	roek	[ruk]
canard (m)	eend	[eent]
oie (f)	gans	[χaŋs]
faisan (m)	fisant	[fisant]
aigle (m)	arend	[arɛnt]
épervier (m)	sperwer	[sperwər]
faucon (m)	valk	[falk]
vautour (m)	aasvoël	[ãsfoɛl]
condor (m)	kondor	[kondor]
cygne (m)	swaan	[swãn]
grue (f)	kraanvoël	[krãn·foɛl]
cigogne (f)	ooievaar	[ojefãr]
perroquet (m)	papegaai	[papəχãi]
colibri (m)	kolibrie	[kolibri]
paon (m)	pou	[pæʋ]
autruche (f)	volstruis	[folstrœis]
héron (m)	reier	[ræjer]
flamant (m)	flamink	[flamink]
pélican (m)	pelikaan	[pelikãn]
rossignol (m)	nagtegaal	[naχteχãl]
hirondelle (f)	swael	[swaəl]
merle (m)	lyster	[lajstər]
grive (f)	sanglyster	[saŋlajstər]
merle (m) noir	merel	[merəl]
martinet (m)	windswael	[vindswaəl]
alouette (f) des champs	lewerik	[leverik]
caille (f)	kwartel	[kwartəl]
pivert (m)	speg	[speχ]
coucou (m)	koekoek	[kukuk]
chouette (f)	uil	[œil]
hibou (m)	ooruil	[oərœil]
tétras (m)	auerhoen	[ɔuer·hun]
tétras-lyre (m)	korhoen	[korhun]
perdrix (f)	patrys	[patrajs]
étourneau (m)	spreeu	[spriʋ]
canari (m)	kanarie	[kanari]
gélinotte (f) des bois	bonasa hoen	[bonasa hun]
pinson (m)	gryskoppie	[χrajskoppi]
bouvreuil (m)	bloedvink	[bludfink]
mouette (f)	seemeeu	[seəmiʋ]
albatros (m)	albatros	[albatros]
pingouin (m)	pikkewyn	[pikkəvajn]

139. Les poissons. Les animaux marins

brème (f)	brasem	[brasem]
carpe (f)	karp	[karp]
perche (f)	baars	[bārs]
silure (m)	katvis, seebaber	[katfis], [seə·babər]
brochet (m)	snoek	[snuk]
saumon (m)	salm	[salm]
esturgeon (m)	steur	[støər]
hareng (m)	haring	[hariŋ]
saumon (m) atlantique	atlantiese salm	[atlantisə salm]
maquereau (m)	makriel	[makril]
flet (m)	platvis	[platfis]
sandre (f)	varswatersnoek	[farswatər·snuk]
morue (f)	kabeljou	[kabeljæʊ]
thon (m)	tuna	[tuna]
truite (f)	forel	[forəl]
anguille (f)	paling	[paliŋ]
torpille (f)	drilvis	[drilfis]
murène (f)	bontpaling	[bontpaliŋ]
piranha (m)	piranha	[piranha]
requin (m)	haai	[hāi]
dauphin (m)	dolfyn	[dolfajn]
baleine (f)	walvis	[valfis]
crabe (m)	krap	[krap]
méduse (f)	jellievis	[jelli·fis]
pieuvre (f), poulpe (m)	seekat	[seə·kat]
étoile (f) de mer	seester	[seə·stər]
oursin (m)	see-egel, seekastaiing	[seə·eχel], [seə·kastajiŋ]
hippocampe (m)	seeperdjie	[seə·perdʒi]
huître (f)	oester	[ustər]
crevette (f)	garnaal	[χarnāl]
homard (m)	kreef	[kreəf]
langoustine (f)	seekreef	[seə·kreəf]

140. Les amphibiens. Les reptiles

serpent (m)	slang	[slaŋ]
venimeux (adj)	giftig	[χiftəχ]
vipère (f)	adder	[addər]
cobra (m)	kobra	[kobra]
python (m)	luislang	[lœislaŋ]
boa (m)	boa, konstriktorslang	[boa], [kɔŋstriktor·slaŋ]
couleuvre (f)	ringslang	[riŋ·slaŋ]

serpent (m) à sonnettes	ratelslang	[ratəl·slaŋ]
anaconda (m)	anakonda	[anakonda]
lézard (m)	akkedis	[akkedis]
iguane (m)	leguaan	[leχuān]
varan (m)	likkewaan	[likkevān]
salamandre (f)	salamander	[salamandər]
caméléon (m)	verkleurmannetjie	[ferkløər·manneki]
scorpion (m)	skerpioen	[skerpiun]
tortue (f)	skilpad	[skilpat]
grenouille (f)	padda	[padda]
crapaud (m)	brulpadda	[brul·padda]
crocodile (m)	krokodil	[krokodil]

141. Les insectes

insecte (m)	insek	[insek]
papillon (m)	skoenlapper	[skunlappər]
fourmi (f)	mier	[mir]
mouche (f)	vlieg	[fliχ]
moustique (m)	muskiet	[muskit]
scarabée (m)	kewer	[kevər]
guêpe (f)	perdeby	[perdə·baj]
abeille (f)	by	[baj]
bourdon (m)	hommelby	[hommәl·baj]
œstre (m)	perdevlieg	[perdə·fliχ]
araignée (f)	spinnekop	[spinnə·kop]
toile (f) d'araignée	spinnerak	[spinnə·rak]
libellule (f)	naaldekoker	[nāldə·kokər]
sauterelle (f)	sprinkaan	[sprinkān]
papillon (m)	mot	[mot]
cafard (m)	kakkerlak	[kakkerlak]
tique (f)	bosluis	[boslœis]
puce (f)	vlooi	[floj]
moucheron (m)	muggie	[muχχi]
criquet (m)	treksprinkhaan	[trek·sprinkhān]
escargot (m)	slak	[slak]
grillon (m)	kriek	[krik]
luciole (f)	vuurvliegie	[fɪrfliχi]
coccinelle (f)	lieweheersbesie	[liveheərs·besi]
hanneton (m)	lentekewer	[lentekevər]
sangsue (f)	bloedsuier	[blud·sœiər]
chenille (f)	ruspe	[ruspə]
ver (m)	erdwurm	[ɛrd·vurm]
larve (f)	larwe	[larvə]

La flore

142. Les arbres

arbre (m)	boom	[boəm]
à feuilles caduques	bladwisselend	[bladwisselent]
conifère (adj)	kegeldraend	[keχɛldraent]
à feuilles persistantes	immergroen	[immərχrun]
pommier (m)	appelboom	[appɛl·boəm]
poirier (m)	peerboom	[peər·boəm]
merisier (m)	soetkersieboom	[sutkersi·boəm]
cerisier (m)	suurkersieboom	[sɪrkersi·boəm]
prunier (m)	pruimeboom	[prœimə·boəm]
bouleau (m)	berk	[berk]
chêne (m)	eik	[æjk]
tilleul (m)	lindeboom	[lində·boəm]
tremble (m)	trilpopulier	[trilpopulir]
érable (m)	esdoring	[ɛsdoriŋ]
épicéa (m)	spar	[spar]
pin (m)	denneboom	[dɛnnə·boəm]
mélèze (m)	lorkeboom	[lorkə·boəm]
sapin (m)	den	[den]
cèdre (m)	seder	[sedər]
peuplier (m)	populier	[populir]
sorbier (m)	lysterbessie	[lajstərbɛssi]
saule (m)	wilger	[vilχər]
aune (m)	els	[ɛls]
hêtre (m)	beuk	[bøək]
orme (m)	olm	[olm]
frêne (m)	esboom	[ɛs·boəm]
marronnier (m)	kastaiing	[kastajiŋ]
magnolia (m)	magnolia	[maχnolia]
palmier (m)	palm	[palm]
cyprès (m)	sipres	[sipres]
palétuvier (m)	wortelboom	[vortəl·boəm]
baobab (m)	kremetart	[kremetart]
eucalyptus (m)	bloekom	[blukom]
séquoia (m)	mammoetboom	[mammut·boəm]

143. Les arbustes

buisson (m)	struik	[strœik]
arbrisseau (m)	bossie	[bossi]

vigne (f)	wingerdstok	[viŋərd·stok]
vigne (f) (vignoble)	wingerd	[viŋərt]
framboise (f)	framboosstruik	[framboəs·strœik]
cassis (m)	swartbessiestruik	[swartbɛssi·strœik]
groseille (f) rouge	rooi aalbessiestruik	[roj ālbɛssi·strœik]
groseille (f) verte	appelliefiestruik	[appɛllifi·strœik]
acacia (m)	akasia	[akasia]
berbéris (m)	suurbessie	[sɪr·bɛssi]
jasmin (m)	jasmyn	[jasmajn]
genévrier (m)	jenewer	[jenevər]
rosier (m)	roosstruik	[roəs·strœik]
églantier (m)	hondsroos	[honds·roəs]

144. Les fruits. Les baies

fruit (m)	vrug	[fruχ]
fruits (m pl)	vrugte	[fruχtə]
pomme (f)	appel	[appəl]
poire (f)	peer	[peər]
prune (f)	pruim	[prœim]
fraise (f)	aarbei	[ārbæj]
cerise (f)	suurkersie	[sɪr·kersi]
merise (f)	soetkersie	[sut·kersi]
raisin (m)	druif	[drœif]
framboise (f)	framboos	[framboəs]
cassis (m)	swartbessie	[swartbɛssi]
groseille (f) rouge	rooi aalbessie	[roj ālbɛssi]
groseille (f) verte	appelliefie	[appɛllifi]
canneberge (f)	bosbessie	[bosbɛssi]
orange (f)	lemoen	[lemun]
mandarine (f)	nartjie	[narki]
ananas (m)	pynappel	[pajnappəl]
banane (f)	piesang	[pisaŋ]
datte (f)	dadel	[dadəl]
citron (m)	suurlemoen	[sɪr·lemun]
abricot (m)	appelkoos	[appɛlkoəs]
pêche (f)	perske	[perskə]
kiwi (m)	kiwi, kiwivrug	[kivi], [kivi·fruχ]
pamplemousse (m)	pomelo	[pomelo]
baie (f)	bessie	[bɛssi]
baies (f pl)	bessies	[bɛssis]
airelle (f) rouge	pryselbessie	[prajsɛlbɛssi]
fraise (f) des bois	wilde aarbei	[vildə ārbæj]
myrtille (f)	bloubessie	[blæubɛssi]

145. Les fleurs. Les plantes

fleur (f)	blom	[blom]
bouquet (m)	boeket	[buket]
rose (f)	roos	[roəs]
tulipe (f)	tulp	[tulp]
oeillet (m)	angelier	[anχəlir]
glaïeul (m)	swaardlelie	[swārd·leli]
bleuet (m)	koringblom	[koriŋblom]
campanule (f)	grasklokkie	[χras·klokki]
dent-de-lion (f)	perdeblom	[perdə·blom]
marguerite (f)	kamille	[kamillə]
aloès (m)	aalwyn	[ālwajn]
cactus (m)	kaktus	[kaktus]
ficus (m)	rubberplant	[rubbər·plant]
lis (m)	lelie	[leli]
géranium (m)	malva	[malfa]
jacinthe (f)	hiasint	[hiasint]
mimosa (m)	mimosa	[mimosa]
jonquille (f)	narsing	[narsiŋ]
capucine (f)	kappertjie	[kapperki]
orchidée (f)	orgidee	[orχideə]
pivoine (f)	pinksterroos	[pinkstər·roəs]
violette (f)	viooltjie	[fioəlki]
pensée (f)	gesiggie	[χesiχi]
myosotis (m)	vergeet-my-nietjie	[ferχeet-maj-niki]
pâquerette (f)	madeliefie	[madelifi]
coquelicot (m)	papawer	[papavər]
chanvre (m)	hennep	[hɛnnəp]
menthe (f)	kruisement	[krœisəment]
muguet (m)	dallelie	[dalleli]
perce-neige (f)	sneeuklokkie	[sniu·klokki]
ortie (f)	brandnetel	[brant·netəl]
oseille (f)	veldsuring	[fɛltsuriŋ]
nénuphar (m)	waterlelie	[vatər·leli]
fougère (f)	varing	[fariŋ]
lichen (m)	korsmos	[korsmos]
serre (f) tropicale	broeikas	[bruikas]
gazon (m)	grasperk	[χras·perk]
parterre (m) de fleurs	blombed	[blom·bet]
plante (f)	plant	[plant]
herbe (f)	gras	[χras]
brin (m) d'herbe	␣grasspriet	[χras·sprit]

feuille (f)	blaar	[blãr]
pétale (m)	kroonblaar	[kroən·blãr]
tige (f)	stingel	[stiŋəl]
tubercule (m)	knol	[knol]
pousse (f)	saailing	[sãjliŋ]
épine (f)	doring	[doriŋ]
fleurir (vi)	bloei	[blui]
se faner (vp)	verlep	[fɛrlep]
odeur (f)	reuk	[røək]
couper (vt)	sny	[snaj]
cueillir (fleurs)	pluk	[pluk]

146. Les céréales

grains (m pl)	graan	[χrãn]
céréales (f pl) (plantes)	graangewasse	[χrãn·χəwassə]
épi (m)	aar	[ãr]
blé (m)	koring	[koriŋ]
seigle (m)	rog	[roχ]
avoine (f)	hawer	[havər]
millet (m)	gierst	[χirst]
orge (f)	gars	[χars]
maïs (m)	mielie	[mili]
riz (m)	rys	[rajs]
sarrasin (m)	bokwiet	[bokwit]
pois (m)	ertjie	[ɛrki]
haricot (m)	nierboon	[nir·boən]
soja (m)	soja	[soja]
lentille (f)	lensie	[lɛŋsi]
fèves (f pl)	boontjies	[boənkis]

LES PAYS DU MONDE. LES NATIONALITÉS

147. L'Europe de l'Ouest

Europe (f)	Europa	[øəropa]
Union (f) européenne	Europese Unie	[øəropesə uni]
Autriche (f)	Oostenryk	[oəstenrajk]
Grande-Bretagne (f)	Groot-Brittanje	[χroət-brittanje]
Angleterre (f)	Engeland	[ɛŋəlant]
Belgique (f)	België	[belχiɛ]
Allemagne (f)	Duitsland	[dœitslant]
Pays-Bas (m)	Nederland	[nedərlant]
Hollande (f)	Holland	[hollant]
Grèce (f)	Griekeland	[χrikəlant]
Danemark (m)	Denemarke	[denemarkə]
Irlande (f)	Ierland	[irlant]
Islande (f)	Ysland	[ajslant]
Espagne (f)	Spanje	[spanje]
Italie (f)	Italië	[italiɛ]
Chypre (m)	Ciprus	[siprus]
Malte (f)	Malta	[malta]
Norvège (f)	Noorweë	[noərweɛ]
Portugal (m)	Portugal	[portuχal]
Finlande (f)	Finland	[finlant]
France (f)	Frankryk	[frankrajk]
Suède (f)	Swede	[swedə]
Suisse (f)	Switserland	[switsərlant]
Écosse (f)	Skotland	[skotlant]
Vatican (m)	Vatikaan	[fatikãn]
Liechtenstein (m)	Lichtenstein	[liχtɛŋstejn]
Luxembourg (m)	Luksemburg	[luksemburχ]
Monaco (m)	Monako	[monako]

148. L'Europe Centrale et l'Europe de l'Est

Albanie (f)	Albanië	[albaniɛ]
Bulgarie (f)	Bulgarye	[bulχaraje]
Hongrie (f)	Hongarye	[honχaraje]
Lettonie (f)	Letland	[letlant]
Lituanie (f)	Litoue	[litæʋə]
Pologne (f)	Pole	[polə]

Roumanie (f)	Roemenië	[rumeniɛ]
Serbie (f)	Serwië	[serwiɛ]
Slovaquie (f)	Slowakye	[slovakaje]
Croatie (f)	Kroasië	[kroasiɛ]
République (f) Tchèque	Tjeggië	[tʃeχiɛ]
Estonie (f)	Estland	[ɛstlant]
Bosnie (f)	Bosnië & Herzegowina	[bosniɛ en hersegovina]
Macédoine (f)	Masedonië	[masedoniɛ]
Slovénie (f)	Slovenië	[slofeniɛ]
Monténégro (m)	Montenegro	[montənegro]

149. Les pays de l'ex-U.R.S.S.

Azerbaïdjan (m)	Azerbeidjan	[azerbæjdjan]
Arménie (f)	Armenië	[armeniɛ]
Biélorussie (f)	Belarus	[belarus]
Géorgie (f)	Georgië	[χeorχiɛ]
Kazakhstan (m)	Kazakstan	[kasakstan]
Kirghizistan (m)	Kirgisië	[kirχisiɛ]
Moldavie (f)	Moldawië	[moldaviɛ]
Russie (f)	Rusland	[ruslant]
Ukraine (f)	Oekraïne	[ukraïnə]
Tadjikistan (m)	Tadjikistan	[tadʒikistan]
Turkménistan (m)	Turkmenistan	[turkmenistan]
Ouzbékistan (m)	Oezbekistan	[uzbekistan]

150. L'Asie

Asie (f)	Asië	[asiɛ]
Viêtnam (m)	Viëtnam	[viɛtnam]
Inde (f)	Indië	[indiɛ]
Israël (m)	Israel	[israəl]
Chine (f)	Sjina	[ʃina]
Liban (m)	Libanon	[libanon]
Mongolie (f)	Mongolië	[monχoliɛ]
Malaisie (f)	Maleisië	[malæjsiɛ]
Pakistan (m)	Pakistan	[pakistan]
Arabie (f) Saoudite	Saoedi-Arabië	[saudi-arabiɛ]
Thaïlande (f)	Thailand	[tajlant]
Taïwan (m)	Taiwan	[tajvan]
Turquie (f)	Turkye	[turkaje]
Japon (m)	Japan	[japan]
Afghanistan (m)	Afghanistan	[afχanistan]
Bangladesh (m)	Bangladesj	[bangladeʃ]

| Indonésie (f) | Indonesië | [indonesiɛ] |
| Jordanie (f) | Jordanië | [jordaniɛ] |

| Iraq (m) | Irak | [irak] |
| Iran (m) | Iran | [iran] |

| Cambodge (m) | Kambodja | [kambodja] |
| Koweït (m) | Kuwait | [kuvajt] |

Laos (m)	Laos	[laos]
Myanmar (m)	Myanmar	[mjanmar]
Népal (m)	Nepal	[nepal]
Fédération (f) des Émirats Arabes Unis	Verenigde Arabiese Emirate	[ferenixdə arabisə emiratə]

Syrie (f)	Sirië	[siriɛ]
Palestine (f)	Palestina	[palestina]
Corée (f) du Sud	Suid-Korea	[sœid-korea]
Corée (f) du Nord	Noord-Korea	[noərd-korea]

151. L'Amérique du Nord

Les États Unis	Verenigde State van Amerika	[ferenixdə statə fan amerika]
Canada (m)	Kanada	[kanada]
Mexique (m)	Meksiko	[meksiko]

152. L'Amérique Centrale et l'Amérique du Sud

Argentine (f)	Argentinië	[arxentiniɛ]
Brésil (m)	Brasilië	[brasiliɛ]
Colombie (f)	Colombia, Kolombië	[kolombia], [kolombiɛ]

| Cuba (f) | Kuba | [kuba] |
| Chili (m) | Chili | [tʃili] |

| Bolivie (f) | Bolivië | [boliviɛ] |
| Venezuela (f) | Venezuela | [fenesuela] |

| Paraguay (m) | Paraguay | [paragwaj] |
| Pérou (m) | Peru | [peru] |

Surinam (m)	Suriname	[surinamə]
Uruguay (m)	Uruguay	[urugwaj]
Équateur (m)	Ecuador	[ɛkuador]

| Bahamas (f pl) | die Bahamas | [di bahamas] |
| Haïti (m) | Haïti | [haïti] |

République (f) Dominicaine	Dominikaanse Republiek	[dominikāŋsə republik]
Panamá (m)	Panama	[panama]
Jamaïque (f)	Jamaika	[jamajka]

153. L'Afrique

Égypte (f)	Egipte	[εχiptə]
Maroc (m)	Marokko	[marokko]
Tunisie (f)	Tunisië	[tunisiε]
Ghana (m)	Ghana	[χana]
Zanzibar (m)	Zanzibar	[zanzibar]
Kenya (m)	Kenia	[kenia]
Libye (f)	Libië	[libiε]
Madagascar (f)	Madagaskar	[madaχaskar]
Namibie (f)	Namibië	[namibiε]
Sénégal (m)	Senegal	[seneχal]
Tanzanie (f)	Tanzanië	[tansaniε]
République (f) Sud-africaine	Suid-Afrika	[sœid-afrika]

154. L'Australie et Océanie

Australie (f)	Australië	[ɔustraliε]
Nouvelle Zélande (f)	Nieu-Seeland	[niu-seəlant]
Tasmanie (f)	Tasmanië	[tasmaniε]
Polynésie (f) Française	Frans-Polinesië	[fraŋs-polinesiε]

155. Les grandes villes

Amsterdam (f)	Amsterdam	[amsterdam]
Ankara (m)	Ankara	[ankara]
Athènes (m)	Athene	[atenə]
Bagdad (m)	Bagdad	[baχdat]
Bangkok (m)	Bangkok	[baŋkok]
Barcelone (f)	Barcelona	[barselona]
Berlin (m)	Berlyn	[berlæjn]
Beyrouth (m)	Beiroet	[bæjrut]
Bombay (m)	Moembai	[mumbaj]
Bonn (f)	Bonn	[bonn]
Bordeaux (f)	Bordeaux	[bordo:]
Bratislava (m)	Bratislava	[bratislava]
Bruxelles (m)	Brussel	[brussəl]
Bucarest (m)	Boekarest	[bukarest]
Budapest (m)	Boedapest	[budapest]
Caire (m)	Cairo	[kajro]
Calcutta (f)	Kalkutta	[kalkutta]
Chicago (f)	Chicago	[ʃikago]
Copenhague (f)	Kopenhagen	[kopənχagen]
Dar es-Salaam (f)	Dar-es-Salaam	[dar-es-salãm]
Delhi (f)	Delhi	[deli]

Dubaï (f)	Dubai	[dubaj]
Dublin (f)	Dublin	[dablin]
Düsseldorf (f)	Dusseldorf	[dussɛldorf]

Florence (f)	Florence	[florɛŋs]
Francfort (f)	Frankfurt	[frankfurt]
Genève (f)	Genève	[ʤənɛːv]

Hague (f)	Den Haag	[den hāχ]
Hambourg (f)	Hamburg	[hamburχ]
Hanoi (f)	Hanoi	[hanoj]
Havane (f)	Havana	[havana]
Helsinki (f)	Helsinki	[hɛlsinki]
Hiroshima (f)	Hiroshima	[hiroʃima]
Hong Kong (m)	Hongkong	[hoŋkoŋ]

Istanbul (f)	Istanbul	[istanbul]
Jérusalem (f)	Jerusalem	[jerusalem]
Kiev (f)	Kiëf	[kiɛf]
Kuala Lumpur (f)	Kuala Lumpur	[kuala lumpur]
Lisbonne (f)	Lissabon	[lissabon]
Londres (m)	Londen	[londen]
Los Angeles (f)	Los Angeles	[los anʤeles]
Lyon (f)	Lyon	[lion]

Madrid (f)	Madrid	[madrit]
Marseille (f)	Marseille	[marsæj]
Mexico (f)	Meksiko Stad	[meksiko stat]
Miami (f)	Miami	[majami]
Montréal (f)	Montreal	[montreal]
Moscou (f)	Moskou	[moskæʊ]
Munich (f)	München	[mønchen]

Nairobi (f)	Nairobi	[najrobi]
Naples (f)	Napels	[napɛls]
New York (f)	New York	[nju jork]
Nice (f)	Nice	[nis]
Oslo (m)	Oslo	[oslo]
Ottawa (m)	Ottawa	[ottava]

Paris (m)	Parys	[parajs]
Pékin (m)	Beijing	[bæjʤiŋ]
Prague (m)	Praag	[prāχ]
Rio de Janeiro (m)	Rio de Janeiro	[rio də janæjro]
Rome (f)	Rome	[romə]

Saint-Pétersbourg (m)	Sint-Petersburg	[sint-petersburg]
Séoul (m)	Seoel	[seul]
Shanghai (m)	Shanghai	[ʃangaj]
Sidney (m)	Sydney	[sidni]
Singapour (f)	Singapore	[singaporə]
Stockholm (m)	Stockholm	[stokχolm]

Taipei (m)	Taipei	[tæjpæj]
Tokyo (m)	Tokio	[tokio]
Toronto (m)	Toronto	[toronto]

Varsovie (f)	**Warskou**	[varskæʊ]
Venise (f)	**Venesië**	[fenesiɛ]
Vienne (f)	**Wene**	[venə]
Washington (f)	**Washington**	[vaʃington]

www.ingramcontent.com/pod-product-compliance
Lightning Source LLC
Chambersburg PA
CBHW070601050426
42450CB00011B/2928